SALZ BURG

PORTRÄT EINER
EXOTISCHEN STADT

INFORMATION

Dom Salzburg

PHONOMAT

INSERT MONEY SELECT LANGUAGE	**ENGLISH**	**DEUTSCH**	GELD EINWERFEN SPRACHE WÄHLEN
INSERER MONNAIE CHOISIR LANGUE	**FRANÇAIS**	**ITALIANO**	INSERIRE LE MONETE E SELEZIONARE LA LINGUA
INTRODUZCA EL DINERO ELEGIR IDIOMA	**ESPAÑOL**	**NEDERLANDS**	GELD INWERPEN TAAL KIEZEN
VHOĎTE PENIAZE ZVOĽTE JAZYK	**SLOVENSKÝ**	**РУССКИЙ**	
请投币按键	**中文**	**日本語**	

„… und wenn ich heute durch diese Stadt gehe und glaube,
dass diese Stadt nichts mit mir zu tun hat,
weil ich nichts mit ihr zu tun haben will,
so ist doch alles in mir (und an mir) aus ihr, und ich
und die Stadt sind eine lebenslängliche, untrennbare,
wenn auch fürchterliche Beziehung.
Denn tatsächlich ist alles in mir auf diese Stadt
und auf diese Landschaft bezogen und zurückzuführen, […]
alles in mir ist dieser Stadt als Herkunft ausgeliefert."

Thomas Bernhard
Die Ursache. Eine Andeutung

Es gibt sie, diese Städte, die einen nicht mehr loslassen und sich gleichzeitig jedem Zugriff entziehen. Dann beginnt ein süßes Leiden: Man preist und verdammt sie gleichzeitig. Man möchte sich das eigene Bild von ihnen erhalten, sie beschützen, verbessern und verschönern. Mehr noch: Man möchte sie sich auf eine verworrene Weise aneignen, und sei es mit der Fotokamera.

Vor 25 Jahren bin ich nach Jahren im Ausland in meine Geburtsstadt Salzburg zurückgekehrt und habe die Chance genutzt, die sich mir mit der Gestaltung eines alten, vernachlässigten Gasthauses bot. Seitdem habe ich mich nicht nur an diesem Haus, das mitten im Salzburger Weltgeschehen steht, ausführlich gerieben, sondern auch an meiner Heimatstadt, die mir bis heute Rätsel aufgibt, vor allem solche über mich selbst. Salzburg ist ein guter Ort zur Selbstbespiegelung, und zu diesem meinem Jubiläum fand ich es lohnend, meine Beziehung zu den Orten meiner Prägung gemeinsam mit zwei Freunden zu untersuchen: der eine ein Meister des Bildes, der andere ein Virtuose des Wortes.

Wer das Ziel hat, ohne Ziel unterwegs zu sein, für den gibt es keinen besseren Begleiter als den Autor, Kolumnisten und Verleger Christian Seiler, der mit seiner wöchentlichen Kolumne in der Tageszeitung „Kurier" das Flanieren zur Alltagskunst erhebt. Lassen Sie uns mit ihm als ortskundigem Erzähler durch Salzburg streifen und die unterschiedlichsten Blickwinkel einnehmen. Nur beim Gehen kommt solcherart Gespräch in Gang, das Seiler mittels Anekdoten, Erinnerungen und Assoziationen mit sich selbst führt.

Der in Salzburg geborene und in Wien lebende Fotograf Ingo Pertramer nimmt mit seiner distanzierten, assoziativen Bildsprache eine ähnliche Haltung ein. Sein Auge findet, was dem schnellen Blick verborgen bleibt. Seine Bilder scheinen ihre eigene Geschichte zu erzählen – eigensinnig, skeptisch und zugewandt zugleich.

Für uns drei gilt wohl, was Konstantin Wecker in Bezug auf seine Heimatstadt München sagt: *„Es ist ein ambivalentes Verhältnis, aber es ist immerhin ein Verhältnis."* Auf sechs Spaziergängen unternehmen Seiler und Pertramer den Versuch, Salzburgs Identität in Wort und Bild zu erfassen. Ein Vorhaben, das ohne Aussicht auf Erfolg bleiben darf, will man zu neuen Einsichten kommen. Wir laden Sie ein, es uns gleichzutun. Mögen Sie jedes Mal reich beschenkt zurückkehren.

Andreas Gfrerer

01
An der Salzach

Heute ist die Salzach sanft. Sie schäumt nicht.

Heute ist die Salzach sanft. Sie schäumt nicht, sie bewegt sich nur träge in die Richtung ihrer Bestimmung, vom Ursprung in den Kitzbühler Alpen Richtung Inn, in den sie zwischen Braunau und Burghausen münden wird. Ich stehe auf dem Mozartsteg und schaue über dessen Stahlgeländer in den Fluss. Am Pfeiler bildet das Wasser kunstvolle Wirbel. Die Wellen, die dem Wind und der Strömung gehorchen, reflektieren die Strahlen einer müden Sonne, und ich versinke in dieser Fuge zwischen Stillstand und Bewegung, zwischen Monotonie und Einzigartigkeit.

Früher, als es noch Götter gab, nicht nur den einen, einzigen Gott, hieß die Salzach wie der keltische Flussgott Iuvavo. Mein Blick ins Wasser wäre wohl nicht so unbefangen ausgefallen wie jetzt, konnte doch niemand wissen, ob Iuvavo gerade hungrig oder zornig war oder doch so gleichgültig, wie sich der Fluss gerade benimmt.

Ich sehe dem Wasser zu und verliere mich in merkwürdigen Gedanken. Ob Iuvavo wohl die Liebe der heutigen Salzburger zum Trachtenauftritt geteilt hätte, nur eben wasserfest? Überhaupt, wo steckt er denn, der Flussgott? Allein die Tatsache, dass wir ihn vergessen haben, bedeutet ja nicht, dass es ihn nicht mehr gibt.

Ich sehe, wie sich das Wasser kräuselt und denke an die berühmte Wette von Blaise Pascal: Wenn man an Gott glaubt, hat der französische Philosoph im 17. Jahrhundert formuliert, und Gott existiert wirklich, dann hat man gewonnen. Wenn man an Gott glaubt, und Gott existiert nicht, gewinnt man zwar nichts – der Verlust hält sich aber in Grenzen. Wenn man nicht an Gott glaubt, und es gibt Gott nicht, bleibt der Verlust ebenfalls überschaubar. Aber wehe, man glaubt nicht an Gott, und Gott existiert doch – dann hat man ein Problem.

Julian Barnes, einer meiner Lieblingsschriftsteller, hat darauf hingewiesen, dass Pascal als gelernter Mathematiker nicht aus seiner Haut konnte und mit seiner Wette die Wahrscheinlichkeitsrechnung zugunsten der Gottgläubigkeit begründete. Deshalb ergänzt Barnes den mahnenden Schluss Pascals auch um den hoffnungsfrohen Satz, dem ich als optimistischer Skeptiker gern zustimme: „Womöglich liebt Gott ja den ehrlichen Zweifler mehr als den berechnenden Schleimer."

Ich verlasse jetzt den Mozartsteg mit langsamen Schritten und nein, ich rechne nicht damit, dass Iuvavo doch noch Gestalt annimmt und mir den Gottesbeweis zukommen lässt, den er mir schuldet. Langsam steuere ich den Giselakai an, der dem rechten Salzachufer entlangführt.

Der Mozartsteg ist übrigens ein prächtiges Stück Industriearchitektur, das aus ökonomischer Überempfindlichkeit entstanden ist. Der Cafetier Georg Krimmel, dem das Café Corso am Giselakai gehörte, machte sich Sorgen um sein Geschäft. Mit der Brücke, die 1903 feierlich eröffnet wurde, wollte er Besucher aus der linksufrigen Altstadt anlocken. Diese Besucher hatten am Mauthäusl an der linken Salzachseite eine Brückenmaut zu bezahlen, bevor sie die Brücke überqueren und im Corso eine Erfrischung zu sich nehmen durften. Heute ist im Mauthäusl ein winziges Café untergebracht, wo ich mir bei Gelegenheit einen doppelten Espresso von erstaunlicher Qualität abhole. Das ist eine durchaus zeitgemäße Brückenmaut.

Das Café Corso existiert trotz Mozartsteg schon längst nicht mehr. Heute befinden sich an selber Stelle die Robert-Jungk-Bibliothek für Zukunftsfragen und das Haus für Erwachsenenbildung, und auf dem Areal des Kaffeehausgartens hat sich die Jahnturnhalle breitgemacht.

Unter den Kronen der Platanen gehe ich am Giselakai Richtung Staatsbrücke, Blick auf Altstadt, Festung, Mönchsberg, alles da. Ich gehe stur am Salzachufer entlang, auch wenn der rollende Verkehr der Imbergstraße jetzt von rechts zufährt, und weiche nicht etwa in die viel schönere Steingasse aus, in der sich ein zeitloses Salzburg wiederfindet, wie es war, ist und irgendwie immer sein soll.

Ich werfe einen neidischen Blick auf den Radweg, der die Fahrbahn der Staatsbrücke unterqueren darf, und schummle mich zwischen den Obussen Richtung „Sacher" durch. Hier steht der elegante aus Metall gefertigte Hochsitz, den die Künstlerin Marina Abramović auf Initiative der „Salzburg Foundation" geschaffen hat. Ihr Kunstwerk heißt „Spirit of Mozart". Die Gebrauchsanweisung lautet, auf dem fünfzehn Meter hohen Stuhl (oder, etwas praktischer, auf einer der darum gruppierten ebenerdigen Sitzgelegenheiten) Platz zu nehmen, die Augen zu schließen und die Zeit zu verlieren.

Wie so oft bei den Kunstwerken von Abramović ist das eine Aufforderung, die banal klingt, aber zu tief empfundenen Erlebnissen führen kann. „Spirit of Mozart" stand ursprünglich auf einer Verkehrsinsel, sodass man über dicht befahrene Straßen zu der Sitzgruppe sprinten musste, um im Verkehrschaos auf paradoxe Weise Ruhe zu suchen. Auch jetzt ist der Rasenzwickel vor dem Bankhaus Spängler von Autos und Obussen umtost und von ratlosen Touristen überschwemmt. Mozart? Spirit? Wo? Warum?

In dieses Konglomerat der Unruhe stellt Marina Abramović nicht nur den fünfzehn Meter hohen Stuhl, sondern auch ihre pathetische Aussage: „Ich möchte einen Sitz für den Geist Mozarts errichten. Er ist 15 Meter hoch, hat keine Sitzfläche, sondern nur die äußeren Formen eines Stuhles. Wenn man darunter steht, sieht man den Himmel. Der Geist ist etwas Unsichtbares, aber wenn man ihm einen Sitz errichtet, wird das Unsichtbare sichtbar. Jeder, der lange genug sitzt und nachdenkt, kann eine Verbindung mit unsichtbaren Kräften eingehen. Mozart und Salzburg verband eine spannungsreiche Beziehung. Von Salzburg aus unternahm er in seiner Jugend zahlreiche ausgedehnte Reisen nach Frankreich, England und Italien, aber gerade in seiner Heimatstadt komponierte er viele bedeutende Werke. Sein Geist ist in Salzburg geblieben, wo seine Musik immer lebendig war. Die Arbeit ‚Spirit of Mozart' ist für mich die Geste einer neuen und anderen Verständigung, auch eine Geste der Versöhnung."

Am Sacher und dem Café Bazar vorbei gehe ich weiter stadtauswärts. Der Marko-Feingold-Steg schlägt einen eleganten Bogen hinüber zum linken Ufer. Er ist seit 2021 nach dem Holocaust-Überlebenden und Präsidenten der Israelitischen Kultusgemeinde Salzburg Marko Feingold (1913 – 2019) benannt und übernimmt damit eine neue Funktion: Der Steg klärt über das traurigste Kapitel unserer Geschichte auf und macht mit einer fein rhythmisierten Dauerausstellung – am Brückengeländer sind beidseitig Schautafeln zu Leben und Wirken von Marko Feingold befestigt – auf einen historischen Kontext aufmerksam, über den man im kultur- und schönheitsbeflissenen Salzburg manchmal lieber schweigt als diskutiert.

Es passt ins Bild, dass der Marko-Feingold-Steg bis dahin Makartsteg geheißen hatte, benannt nach Johann Evangelist Ferdinand Apolinaris Makart, der als Maler und Innenausstatter den üppigen, fast verschwenderischen Prä-Versace-Stil der Ringstraßenzeit prägte. Es war also bereits eine pointierte Gegenposition, als die Architekten des Salzburger Büros „Halle 1" ihre Version des Makartstegs mit ganz besonderer Leichtigkeit und Eleganz ausführten. Der auf einer feinen Schale aus Beton ruhende Steg führt fast fliegend über eine schräge Betonstütze, die in den Fluss gestemmt wurde, ans linke Ufer. Noch bei seiner Eröffnung im Jahr 2001 besaß er den fließenden Charakter einer genialischen Skizze.

Inzwischen sind die fast unsichtbaren Gitter, die den Beton und das schwebende Metallgeländer zusammenhalten, im großen Stil

zweckentfremdet. Es müssen Zehntausende Schlösser in allen Farben und Formen sein, die von Paaren als Zeichen ihrer Verbundenheit an das Drahtgitter gehängt wurden.

Ich muss stehen bleiben, um das Phänomen genauer zu betrachten. Aus der Entfernung betrachtet glänzen die Liebesschlösser wie Strass oder Swarovski-Kristalle. Sie passen zum Glitzern der Sonnenstrahlen auf dem Wasser, und mir ist nicht klar, ob das der pure Kitsch ist, die Verschandelung öffentlicher Ästhetik durch die Manifestation intimer Gefühle oder etwas anderes, Metaphysisches. Könnte es nicht sein, dass diese Materialisierung so vieler kleiner und großer Liebesgeschichten, so vieler oberflächlicher, aber auch tief empfundener und bebend formulierter Emotionen ein eigenes Energiefeld erzeugt? Heben die Liebesschlösser etwas spürbar Positives in den Luftraum über der Salzach oder sollte die Stadt lieber einen Schlosser beschäftigen, der jeden Abend mit der Metallschere für klare Linien und kitschfreie Sauberkeit sorgt?

Ich muss weitergehen, um mit Iuvavo Schritt zu halten, der auf diese Frage bestimmt eine Antwort weiß.

Prächtige Villen säumen den Elisabethkai, der wiederum der Krümmung der Salzach nach Norden folgt. Plötzlich finde ich mich vor einem wunderschönen schlichten Sakralbau wieder, der direkt neben der Eisenbahnbrücke steht, von der alle Bahnreisenden für ein paar kostbare Momente einen Blick auf die Festung Hohensalzburg erhaschen. Ein schlichter, schlanker Betonturm mit quadratischem Grundriss strebt so majestätisch nach oben, wie es jahrhundertelang nur Kirchtürme durften. Dahinter faltet sich das fensterlose Schiff des Gebäudes ans Salzachufer.

Als ich mein iPhone aus der Tasche hole, um zu googeln, welcher souveräne Architekt für dieses außerordentliche Bauwerk verantwortlich ist, finde ich heraus, dass die Kirche keine Kirche, sondern das Heizkraftwerk Salzburg-Mitte ist, entworfen vom Schweizer Architekturbüro Bétrix & Consolascio.

Eine Sekunde lang zögere ich. Soll ich enttäuscht sein, dass ein so feierlich anmutendes Gebäude einem so profanen Zweck dient? Aber bald merke ich, dass dieser Gedanke falsch ware. Das Gegenteil stimmt, und das beeindruckt mich fast noch mehr. Anderswo, zum Beispiel in der Wiener Spittelau, klebt man den Schloten einer Müllverbrennungsanlage Zwiebeltürmchen an und tarnt sie als Kinderspielzeug. Hier lässt man den Zweck ganz streng seine Form in ihrer elegantesten Ausprägung annehmen.

Natürlich hat die Salzach ihren heutigen Namen von der Salz-schifffahrt, die seit dem Jahr 825 dokumentiert ist. Von den Salinen in Hallein, Berchtesgaden und Reichenhall wurde das dort abgebau-te Salz auf Zillen über die Salzach, den Inn und die Donau nach Os-ten verschifft. Friedrich II. von Walchen, der Erzbischof von Salzburg, gründete 1278 die Schiffergarde, um die Salzzillen gegen Überfälle zu schützen. Die Garde ist eine der vielen Salzburger Institutionen, die es bis in die Gegenwart geschafft hat, obwohl ihr eigentliches Aufga-bengebiet eher verwaist ist. Jedenfalls sehe ich keine einzige Zille, als ich am Josef-Mayburger-Kai weiter stadtauswärts gehe und mit jedem Schritt wahrnehme, wie sich mehr Grün zwischen die Häuser schiebt und die Stadt sich in Vorstadt, Kleinstadt, Dorf verwandelt.

Das ist, ich weiß es doch, keine große Überraschung. Die letzten zehn Meter langen Salzzillen verkehrten hier in den späten Siebziger-jahren des 19. Jahrhunderts. Ihre konkrete Hinterlassenschaft lässt sich nicht allein am Wohlstand dieser Stadt ablesen, sondern ganz konkret an dem Weg, auf dem ich gerade zügig nach Norden gehe. Auf Trep-pelwegen wie diesem wurden die leeren Salzschiffe von Maultieren oder Menschenhand flussaufwärts gezogen, um bei den Salinen wie-der mit Fracht beladen zu werden. Maultiere, Rösser oder Esel kom-men mir natürlich keine entgegen, nur zufriedene Pensionisten, die ausprobieren, wie weit sie der Akku ihres neuen E-Bikes trägt.

Jetzt stehe ich vor dem Wasserkraftwerk Sohlstufe Lehen. Ich weiß, das ist ein Laufwasserkraftwerk, das zwei Kaplan-PIT-Turbinen mit einer Schluckfähigkeit von 250 Kubikmeter pro Sekunde antreibt. Aber so sehr mir die technischen Werte der riesigen Betonkonstruktion impo-nieren, noch mehr berührt mich der skulpturale Glanz des Kraftwerks.

Der Staubereich mit seinen anthropomorphen Auskragungen, Lü-cken und Buchten ist komplett aus Beton gegossen. Die schwungvollen Formen werden vom Schattenwurf inszeniert und betont. Die Archi-tekten maxRIEDER und Erich Wagner, nach deren Plänen die Sohlstufe zwischen 2007 und 2013 entstand, sehen in den „Pfeilergeometrien (...) das Sinnbild der Transformation der potenziellen Energien des Oberwassers (Anstaubereich) und der kinetischen Energien des Un-terwassers (Turbinenauslaufbereich)".

Das ist mir etwas zu architekturdeutsch. Ich erkenne in dem En-semble viel mehr. Die überdimensionalen Betonskelette, die den Fluss-übergang zwischen Lehen und Itzling besetzen, könnten auch die Knochen längst ausgestorbener monumentaler Lebewesen sein, Büffel,

Saurier, Tatzelwürmer. Ein brutalistischer Künstler hätte dieses Muster aus einer Laune heraus schaffen können, und wenn die Bildhauer Fritz Wotruba und Henry Moore im Himmel ein Atelier miteinander teilen, dann könnte das Kraftwerk das überdimensionale Ergebnis einer beschwingten Gemeinschaftsarbeit sein.

Es gibt natürlich noch eine andere Möglichkeit: Technische Finesse und skulpturale Dynamik lassen das auferstehen, was früher, als die Salzach noch nach Iuvavo hieß, göttliche Kraft war. Ich kann mich nicht sattsehen an der sanften Wucht der aus Beton geschalten Formen. Der Architekt nennt das „kräftige Plastizität". Er untertreibt. Der Fluss rauscht träg heran, nimmt Fahrt auf, beschleunigt über die sechs Meter hohe Staustufe, um weiter unten wieder zur Ruhe zu kommen. Diesmal findet der Architekt die richtigen Worte: „Der Fluss fließt seinen gewohnten Lauf, lediglich die Energie wird ‚abgerechnet'."

Vielleicht hundert Meter flussabwärts überquert der Trakl-Steg die Salzach-minus-Energie. Die Brücke ist mit einem grünen Metallgitter eingefasst, an dem keine Schlösser hängen, aber andere Liebesbotschaften. Auf weißen Abziehbildern steht in roten Blockbuchstaben „Bussi". Ein einsamer Graffitikünstler hat mit Filzstift Tags mit dem Absender „Lover" auf das Metall gekritzelt.

In der Mitte des Stegs ragt eine kleine Plattform über das Wasser. Hier stütze ich mich auf das Geländer und betrachte den strengen Rhythmus der Sohlstufe, die im flachen Wasser der Salzach nur unzureichend gespiegelt wird. Die Betonskelette mit ihrem aufstrebenden Schwung lenken den Blick wie eine Schanze auf das brillante Dahinter. Die Festung Hohensalzburg nimmt jetzt in der Mitte meines Wahrnehmungsfelds den Platz über dem Mysterium der Staustufe ein, und am Horizont künden die weißen Konturen der Alpen von einer anderen Dimension.

Soll ich jetzt Trakl zitieren? Das wäre einfach, aber die dunklen Reime des schwermütigen Dichters wollen nicht zu der föhnigen Heiterkeit dieses Ortes passen.

Ich schaue ins Wasser. Die Salzach ist sanft. Mir ist, als würde sie lächeln. Nein, ein Fluss kann nicht lächeln, also muss der, der lächelt, wohl ich sein.

02
Mit
Mozart

...because

er
Flair.

hatte

WO KÖNNTE EINE GESCHICHTE ÜBER MOZART IN SALZBURG BEGINNEN, WENN NICHT AM MOZARTPLATZ?

Hmm, mischt sich an dieser Stelle der etwas ermüdete Ortskundige mit seiner leichten Neigung zum Sarkasmus ein.

Vielleicht vor Mozarts Geburtshaus in der Getreidegasse?

Im Mozart-Wohnhaus am Makartplatz?

Auf dem Mozartsteg, der die Salzach überspannt und den Rudolfs mit dem Giselakai verbindet, wenigstens für Fußgänger?

Im Café Mozart in der Getreidegasse, „bekannt für seinen guten Kaffee und die besonders luftigen Salzburger Nockerl"?

Im „Haus für Mozart" der Architekten Holzbauer & Valentiny gleich neben dem Großen Festspielhaus, „das den Bühnenwerken des Komponisten in jeder Hinsicht Rechnung trägt: mit einer optimalen Akustik und besten Sichtverhältnissen von allen Plätzen aus"?

In der luftigen neuen Halle des Mozarteums, oder, wie es präzise heißen muss, der Universität Mozarteum – „Mozart ist unsere Inspiration, Musik unsere Tradition, die Kunst unsere Passion" –, wo 1500 Studenten in diversen künstlerischen, instrumentalen und pädagogischen Studienrichtungen unterwiesen werden?

Vor der Baustelle der Internationalen Stiftung Mozarteum, nicht zu verwechseln mit der Universität Mozarteum, die „sich als Non-Profit-Organisation mit der Person und dem Werk Wolfgang Amadé Mozarts" auseinandersetzt, indem sie Initiativen „in den drei Kernbereichen Konzertveranstaltung, Mozart-Museen und Wissenschaft" begründet?

Im Stiftskulinarium, wo wir beim „Mozart Dinner Concert Salzburg" einen Abend erleben können, „wie er anno 1790 hätte gewesen sein können: mit dem in Kerzenlicht getauchten Barocksaal, einem auf historischen Rezepten basierenden Menü, Künstlern in der Kleidung der Mozartzeit und mit den Kompositionen von Wolfgang Amadeus Mozart, dargeboten in höchster musikalischer Qualität"?

In „The Mozart Hotel", „situated in the beautiful Andräviertel, described as the ‚Paris of Salzburg'"? Oder doch bei einer der zahlreichen Verschleißstellen für die Delikatessen mit dem Namen „Mozartkugel", einer „Süßware aus Schokolade, Marzipan, Pistazien und Nougat"? Im Mozart Opern Institut in der Schwarzstraße? Auf dem Friedhof St. Sebastian aus dem 16. Jahrhundert, „auf dem Adelige, Würdenträger und einige Angehörige Mozarts bestattet sind"?

Meine Geschichte beginnt trotzdem auf dem Mozartplatz, weil dort das Denkmal steht, das Salzburg überhaupt erst zum Zentrum der Mozartverehrung, also zur Mozartstadt gemacht hat.

Ich betrachte die monumentale Bronzestatue des klassizistischen Münchner Bildhauers Ludwig Schwanthaler, eines der meistbeschäftigten Bildhauer unter König Ludwig I. von Bayern, der 1850 den Entwurf für die Kolossalstatue der Münchner Bavaria schuf. Mozart hat den Kopf hoch erhoben. In seiner rechten, herabhängenden Hand hält er einen Stift, in der linken, angewinkelten Hand eine Schriftrolle, damit wird allegorisch sein Wirken für die Kirchen-, die Konzert-, die Kammermusik und die Oper dargestellt. Sein rechter Fuß stützt sich auf einen Felsen, der Heimat symbolisieren soll. Er blickt in die Richtung der Filialkirche zum Heiligen Michael, zum Residenzplatz, zum Dom. Ganz nebenbei: Wenn man kein Kletterer ist oder eine Kamera mit Teleobjektiv umhängen hat, ist es praktisch unmöglich, diesem Mozart ins Gesicht zu schauen. Der Sockel ist einfach zu hoch. Ich schieße ein paar Fotos mit dem iPhone. Es sendet lächerliche Blitze aus. Das Ergebnis ist angemessen dürftig.

Das Denkmal wurde nicht auf Betreiben kunstsinniger Salzburger Stadtväter oder Kulturbürger aufgestellt. Nach seinem Tod im Jahr 1791 war Mozart in Salzburg schnell vergessen worden. Erst der Schriftsteller und Schriftsetzer Julius Schilling, der in der Duyleschen Druckerei in Salzburg arbeitete, hatte die Idee, Mozart nach dem Vorbild der Schillerstatue in Frankfurt ein Denkmal zu setzen. Das war 1835 und Mozart schon 44 Jahre tot.

Das Geld für das Denkmal war in Salzburg nicht aufzutreiben. Es musste in Wien und Bayern eingesammelt werden. Schließlich stiftete Ludwig I. von Bayern den hohen Sockel und gab eine stattliche Summe für die Arbeit an der Bronzestatue, die Ludwig Schwanthaler entwarf und Johann Baptist Stiglmaier gießen ließ. 1842 wurde das Denkmal im Rahmen eines einigermaßen rauschenden Festes auf dem St. Michaelsplatz aufgestellt, der bei dieser Gelegenheit in Mozartplatz umbenannt wurde. Zwei noch lebende Söhne Mozarts waren anwesend. Einer von ihnen, Franz Xaver Wolfgang, hatte zu Ehren des Vaters eine Festkantate komponiert und dirigierte deren Aufführung persönlich. Constanze, Mozarts Witwe, war wenige Monate vor der Enthüllung des Denkmals gestorben.

Die Feierlaune war allerdings nicht ungetrübt. Viele Salzburger waren mit der Entscheidung unzufrieden. Sie trauerten dem alten Michaelsbrunnen nach, an dessen Stelle die Statue aufgestellt wurde.

Witzig, denke ich, als ich zum Residenzplatz weitergehe, Veränderung hat hier noch nie große Konjunktur gehabt. Vielleicht sollten sich

die Mozartkugelfabrikanten vor Augen führen, dass nicht viel gefehlt hätte, und die echten, originalen und besten Mozartkugeln würden heute in Wien oder in Prag hergestellt. Es hätte bloß jemand anderer auf die Idee mit dem Denkmal und der Begleitmusik kommen müssen.

Mozart hat die Stadt Salzburg zu seiner Zeit nicht im mindesten so geprägt, wie das seine Avatare heute tun. Wo immer ich gehe, in blinden Schaufenstern sehe ich die lebensgroßen Mozarts aus Pappendeckel, die für die „echte", für die „originale" oder auch nur für die „beste" Mozartkugel werben, und dabei fällt mir positiv auf, dass ich auf meinem Spaziergang noch keinen Menschen in Glitzerfrack und weiß bestäubter Perücke, getroffen habe, der mir eine Eintrittskarte für ein Mozartdinner à la anno 1790 verkaufen wollte.

Ich schiebe mich also durch die Getreidegasse und bleibe auf dem Hagenauer Platz stehen, lehne mich zwischen zwei Schaufenstern einer Drogerie an die Fassade, direkt unter einer Gedenktafel für einen anderen Komponisten: Sigismund Ritter von Neukomm, er war ein Zeitgenosse Mozarts und mit einer Lebensgeschichte ausgestattet, die Stoff für einen fetten Roman hergeben würde. Neukomm, Jahrgang 1778, war ein Schüler Joseph Haydns und ein Verehrer Mozarts. Er reiste, als wäre die internationale Luftfahrt schon im 19. Jahrhundert etabliert gewesen, war Kapellmeister in St. Petersburg, Hauspianist des französischen Staatsmanns Talleyrand-Périgord in Paris, Kapellmeister am Kaiserhof von Johann VI. in Rio de Janeiro. Seine Werke wurden gespielt, als Ludwig XVIII. nach dem Sieg über Napoleon feierlich nach Paris zurückkehrte, Neukomm durfte sich mit dem Titel eines Ritters der Ehrenlegion schmücken. Nebenbei war er Freimaurer und Diplomat, was Metternich dazu veranlasste, ihn für einen Spion zu halten und überwachen zu lassen. Übrigens hielt niemand anderer als Neukomm bei der Enthüllung des Mozart-Denkmals 1842 die Festrede.

Aber kaum jemand hält sich auf dem Hagenauerplatz auf, um Neukomms zu gedenken, während Mozart buchstäblich die Massen bewegt. Das Haus, in dessen drittem Stock die Familie Mozart lebte und der kleine Amadé am 27. Jänner 1756 geboren wurde, zählt heute zu den meistbesuchten Museen der Welt. Im Erdgeschoss befindet sich ein Spar-Markt, der damals wahrscheinlich noch nicht da war, und die Tatsache, dass dieses Haus Mozarts Geburtshaus ist, wurde zur Sicherheit mit riesigen goldenen Lettern auf die sonnenblumengelbe Fassade geschrieben.

Ich betrachte die Menschen, die ankommen, indem sie den Routenvorschlägen auf ihrem Handy folgen, kurz aufschauen, bemerken, dass sie am Ziel sind, und sich sofort, elektrisiert vom Navigationserfolg, in Pose werfen, um ihre Ankunft fotografisch zu dokumentieren. Ich sehe junge Frauen, die beim Blick auf ihr Spiegelbild auf dem Handybildschirm ein bezauberndes Lächeln anknipsen können, sehe Freundinnen, die ein einstudiertes Repertoire an Ganzkörperposen abrufen, wenn sie einander fotografieren, sehe junge Männer, die mit einer gewissen Coolness ihre Anwesenheit festhalten, Familien, die fremde Menschen bitten, doch bitte ein Gruppenfoto zu machen, „nur hier drücken", vor allem aber fällt mir die Rastlosigkeit auf, die dem modernen Reisen innewohnt, wenn das Erreichen eines Ziels nur den Startschuss für das Erreichen des nächsten darstellt. Mozarts Geburtshaus, check. Jetzt noch schnell auf die Festung, check, dann ins Tomaselli, Kaffee trinken und Kuchen essen, die Ribiselschnitte ist mit vier Sternen bewertet.

Ich überquere die Salzach und suche „Mozarts Wohnhaus" auf dem Makartplatz auf, wo die Familie Mozart nach ihrer dritten Wienreise gelebt hatte. Wie viele andere Orte in Salzburg suggeriert das Haus Authentizität, auch wenn es nichts anderes als ein historistischer Neubau ist. Das Haus, in dem Mozart tatsächlich zwischen 1773 und 1780 logiert hat und Symphonien, Divertimenti, Serenaden, Klavier- und Violinkonzerte, ein Fagottkonzert, Arien, Messen und andere kirchenmusikalische Werke komponierte, wurde zwar 1939 unter Denkmalschutz gestellt, aber im Oktober 1944 durch eine Fliegerbombe großteils zerstört. Eine Versicherung kaufte die Ruine und errichtete ein Bürohaus, später zogen das Landesreisebüro und die Salzburger Verkehrsbetriebe ein, bevor die Stiftung Mozarteum das Haus übernahm, es abreißen ließ und Mitte der Neunzigerjahre nach alten Plänen wieder aufbaute. Mozarts Wohnhaus ist also eine Neuerfindung, eine funktionale Hülle für eine zeitgemäß multimediale Annäherung an das Wesen des Superstars, den Falco bekanntlich so charakterisierte: „Er war so populär, because er hatte Flair".

Später gehe ich am Stiftungsgebäude Mozarteum in der Schwarzstraße vorbei und erinnere mich an eine legendäre Aufführung der Osttiroler Musicbanda Franui, die sich hier gemeinsam mit dem Schauspieler Peter Simonischek mit den Divertimenti Mozarts beschäftigt hatte. Der Titel der Veranstaltung war *Ennui*, „Langeweile".

Das kam deshalb, weil Franui-Gründer und -Trompeter Andreas Schett die längste Zeit mit Mozart gefremdelt hatte. Sein Fixstern heißt Schubert, mit einigem Abstand kommen Brahms, Mahler, aber auch Bartók,

Berg, Cage oder Satie. Als das Mozarteum anfragte, ob Franui sich nicht mit dem großen Sohn der Stadt auseinandersetzen wolle, erinnerte sich Schett nicht etwa an die großen dramatischen oder sakralen Dichtungen Mozarts, sondern an dessen Gebrauchsmusik, an jene unter dem Sammelbegriff „Divertimento" (Vergnügen) zusammengefasste Tafelmusik, die komponiert werden musste, um den herrschenden Ständen beim festlichen Schlemmen eine angemessene Klangserviette um den Hals zu hängen.

Man kann dieser Tafelmusik heutzutage durchaus etwas abgewinnen, die Kunstfertigkeit ihrer Konstruktion bewundern, über die Arroganz derer den Kopf schütteln, die sich von Mozart (Mozart!) ihr Berieselungsprogramm komponieren ließen. Aber man kann auch der schwülen Stimmung eines langen Abendessens in fremdbestimmter Gesellschaft nachspüren – und mit geschlossenen Augen in der volatilen Stimmung landen, die vom französischen Wort „Ennui" so musikalisch ausgedrückt wird. Der Deutsche sagt „Langeweile" dazu. Der Österreicher, auch nicht schlecht, „Fadesse".

Schett erinnerte sich in diesem Zusammenhang auch an einen Moment, als Peter Simonischek den großen Ernst Jandl rezitierte:

an ruhigen tagen
sitzen und fragen:
geht es immer so weiter?
geht es immer so weiter?
geht es immer so weiter?
geht es immer so weiter?
geht es immer so weiter?
geht es immer so weiter?
geht es immer so weiter?
ach ginge es doch immer so weiter

auch mit dem wein
hab ich immer die hoffnung
vielleicht wird es besser
vielleicht wird es besser
vielleicht wird es besser
vielleicht wird es besser
vielleicht wird es besser
vielleicht wird es besser
vielleicht wird es besser
und es wird nicht besser

Simonischek inszenierte die Schönheit der Repetition, den Nebel der Lakonie und den Rhythmus des Minimalen, die dem Gedicht innewohnen. Er und Jandl verschmolzen zu einem Text-Laut-Monument, das die Zuhörer regelrecht hypnotisierte.

Andreas Schett zählte eins und eins zusammen. Sein Mozart-Projekt wurde zu einem Abend über die Langeweile: Über „die Leere, das Nichts, die Schwärze und Traurigkeit, die dem Menschen zuweilen auf die Seele rückt". Franui rollte im Mozarteum einen Klangteppich aus, dessen Farben von Mozart bestimmt waren, aber von den Osttiroler Saubermachern einer gründlichen Auffrischung unterzogen wurden. Dazu trug Peter Simonischek „leise unruhe" vor und eine Auswahl anderer Texte, die sich auf helle, klare, trübe oder dunkle Weise mit dem Ennui auseinandersetzen und diesen ausgerechnet durch seine Benennung zerstreuen.

Denn, sagte Andreas Schett, „diesem Zustand kann man niemals durch Arbeit abhelfen, sondern nur durch Zerstreuung, Zeitvertreib und Vergnügen. In der Musik heißt das ‚Divertimento'!"

So fanden Franui zu Mozart und Salzburg zu Franui und ich zu den Freuden der qualifizierten Zerstreuung. Man muss lernen, Mozart zu verstehen, und Ennui war eine Methode, die mir den Weg wies.

03

Von

oben

Ich liebe den Blick von oben. Ich kann ihm nur selten widerstehen. Er macht Unverständliches einfach und schafft willkommene Distanz.

Ich sitze auf dem Mönchsberg und genieße mein liebstes Dessert. Die Küche hat eine Kugel Vanilleeis mit einem Espresso vermischt zu etwas, was in Italien „Affogato" heißt, und obwohl sich unter mir die barocke Altstadt von Salzburg ausbreitet, habe ich gerade nur Augen für das thermoästhetische Phänomen, wie der Kaffee die oberste Schicht der Eiskugel verflüssigt und auf dem Boden der Tasse eine interessante Zwischenfarbe kreiert.

Als ich den Blick hebe, sehe ich rot. Ein chinesischer Tourist mit knallrotem Polohemd hat in Begleitung von drei Damen den Mönchsberg-Aufzug verlassen und sondiert direkt vor dem durchsichtigen Geländer der Terrasse, wo ich gerade mein Dessert nehme, Perspektiven.

Nein, der Mann denkt nicht über das Leben nach. Er sucht den Platz, von dem aus er die Damen in seiner Gefolgschaft am besten fotografieren kann. Er will ihr Lächeln vorteilhaft mit den Wahrzeichen Salzburgs kombinieren, die von hier aus kompakt in ein Querformat gepackt werden können. Von links: Kapuzinerberg, Salzach, Kollegienkirche, Festspielhaus, Residenz, Dom, die Festung Hohensalzburg, dazu als Bonus ein schönes Stück Salzburger Himmel mit weißen, vergnügten Federwolken.

Während sich vor ihm die Stadt dreidimensional entfaltet, ist der Fotograf nur an diesem Rechteck interessiert, dessen Vordergrund er jetzt auffordert, sich in Position zu begeben. Seine Anweisungen klingen eher derb als einfühlsam, als wiese ein Hirte sein Lamm an, nicht so deppert mitten auf der Straße zu stehen.

Gegen meinen Willen beginnt mich der Vorgang zu interessieren.

Die Dame, die der Fotograf angesprochen hat, muss mit einem Blick auf ihr Handy, das ihr als Taschenspiegel dient, noch den Glanz ihrer Zähne überprüfen und ein nur für sie sichtbares Stückchen von etwas mit dem gut manikürten Fingernagel entfernen. Als sie sich schließlich für das erste Probefoto in Position bringt, zaubert sie aus dem Nichts ein so strahlendes Lächeln in ihr Gesicht, dass ich es nur zu gern auf mich bezogen hätte. Aber sie lächelt nicht mich an. Sie lächelt auch das rote Polohemd nicht an. Sie lächelt direkt in die dreifache Linse von dessen übergroßem Smartphone.

Ich verstehe, dass dieses Lächeln eine Investition in die Zukunft ist. Es befeuert die eigene Freude, wenn nach der Europareise die Bilder sortiert werden, die nicht nur zeigen, dass man in Salzburg war, sondern wie gut es einem dort gefallen hat. Das macht es nötig, das Bild zu kontrollieren und entschieden auf eine Wiederholung zu drängen.

Die beiden anderen Damen befinden sich noch in Warteposition. Sie vertreiben sich die Zeit nicht etwa damit, den Blick über die Stadt schweifen zu lassen. Sie fotografieren, wie ihre Freundin fotografiert wird, fügen also dem Prozess der zukünftigen Erinnerung ihr subjektives Making-of hinzu.

Mein *Affogato* hat sich in der Zwischenzeit in eine Vanillekaffeecreme von bekömmlicher Zimmertemperatur verwandelt. Endlich ist die erste Frau zufrieden mit dem Bild, das der Fotograf angefertigt hat, und sie ruft die nächste vor die Kamera. Kommando, Lächeln, Auslöser, Kontrolle, Wiederholung: Das Muster ist gültig. Erst als es sich ein weiteres Mal wiederholt hat und alle drei Frauen ihr bestes Lächeln vor idealem Hintergrund geliefert haben, passiert etwas Unvorhergesehenes. Das Quartett begibt sich nicht etwa zur Entspannung auf die Terrasse des Mönchsbergmuseums, wo auch ich sitze. Nein, jetzt gibt der Herr mit Polohemd sein Smartphone weiter, setzt sich eine Pilotenbrille von Ray-Ban auf und wirft sich in exakt dieselbe Pose, die er den drei Frauen diktiert hat: linke Hand am Geländer, den Körper leicht schräg zum Hintergrund, Blick über die rechte Schulter direkt in die Linse. Nur das mit dem Lächeln nimmt er nicht so ernst.

Als auch dieses Bild gelungen ist, verschwinden die vier dort, wo sie hergekommen sind. Sie nehmen den Aufzug und fahren zurück in Salzburgs Erdgeschoss.

Ich liebe den Blick von oben. Ich kann ihm nur selten widerstehen. Er macht Unverständliches einfach und schafft willkommene Distanz. Das Gedränge der Menschen in der Getreidegasse zum Beispiel, sieht vom kleinen Plateau am äußeren Ende der Bürgerwehr aus gesehen, interessant und fast zoologisch aufregend aus: Wie schaffen es diese kleinen Wesen dort unten bloß, einander auf so engem Raum immer auszuweichen und jedes seinen eigenen Weg zu finden?

Immer wieder bleibe ich bei meinem Spaziergang über den Mönchsberg stehen, um nach unten zu schauen, wenn sich eine neue Totale auftut, die einen Blick auf schlanke, manchmal allzu selbstbewusste Türme, geschlossene Dachflächen und vereinzelte Hide-Aways zu werfen, die sich findige Salzburger in dieser Dachlandschaft eingerichtet haben, mit Bänkchen, Klapptisch und zwei Oleandersträuchern.

An einer speziellen Stelle bleibe ich besonders lang stehen. Vor mir ist mit geometrischer Wucht eine Schneise in den Mönchsberg geschlagen, und ich sehe über die Rossschwemme hinweg genau auf den Herbert-von-Karajan- und den Universitätsplatz, wo die großen Durchhäuser der Salzburger Innenstadt ein Ensemble mit unebenen Fassaden bilden, alle in unterschiedlichen Pastellfarben verputzt, von ähnlicher Statur und nur am Detail zu unterscheiden. Ihre Geschichten könnten unterschiedlicher nicht sein. Aber die Vogelperspektive macht sie für den Augenblick der Betrachtung gleich. Ein gelber Sound-of-Music-Hop-on-Hop-of-Bus schiebt sich durch das perfekte Ensemble, biegt ab und verschwindet im Berg.

Die Schneise im Mönchsberg ist, wenn man sie lesen kann, eine spektakuläre Erzählung. Während der Kapuzinerberg und der Festungsberg aus Kalkstein sind, besteht der Mönchsberg aus Konglomeratgestein. Als der Salzachgletscher abschmolz, entstanden aus Schotter und Schutt sogenannte Inselberge, die sich später verfestigten, mit Kalk verkittet wurden und ihre heutige Form annahmen. Das braungraue, poröse Gestein des Mönchsbergs eignete sich besonders gut als Baumaterial und wurde seit der Römerzeit in Steinbrüchen abgebaut und für den Hausbau verwendet. Fast die gesamte Salzburger Altstadt ist aus dem Konglomeratgestein des Mönchsbergs erbaut.

Als im 17. Jahrhundert über eine bequemere Verbindung zwischen der Altstadt und der Riedenburg auf der anderen Seite des Mönchsbergs nachgedacht wurde, kam eine besonders kühne Idee auf: Warum nicht den Mönchsberg in der Mitte durchschneiden und auf diese Weise die Stadtteile zueinander öffnen?

Erstaunlich, dass dieser Gedanke, dessen Monumentalität ein bisschen an den Turmbau von Babel erinnert, tatsächlich in die Tat umgesetzt wurde. Die Schneise, durch die ich auf die Altstadt schaue, ist der unwiderlegbare Beweis. Die Bauarbeiten wurden 1676 begonnen, aber wieder eingestellt, als das Projekt auf doppelte Weise aus dem Ruder lief. Erstens war die Arbeit viel zu teuer. Zweitens hatte bald niemand mehr Verwendung für das abgebrochene Gestein. Salzburg hätte doppelt oder dreimal so groß sein müssen, um das abgebaute Material zu neuen Häusern verbauen zu können. Die Arbeit an der Schneise wurde eingestellt, und der monumentale Denkfehler von damals kann heute in voller Pracht besichtigt werden. Die nötige Verbindung zwischen Altstadt und Riedenburg schlug dann der noch heute existierende Tunnel, der zwischen 1764 und 1767 gebohrt wurde und den Namen „Sigmundstor" erhielt, um den Burgunderkönig, Märtyrer und Heiligen Sigismund (†524) zu ehren. Allerdings nennt niemand das Sigmundstor Sigmundstor. Im Salzburger Sprachgebrauch heißt das hohe, schlanke Portal ausschließlich Neutor.

Als ich vielleicht schon 20 Minuten an dem Geländer über dem Neutor stehe und den Blick von oben genieße, bleibt plötzlich ein Fahrradfahrer neben mir stehen. Er grüßt mich freundlich, und erst als ich den Gruß erwidere, merke ich, dass der Radler ein Polizist ist und das Mountainbike, das er reitet, ein silber-blau-rot lackiertes Dienstfahrzeug mit dem Schriftzug „Polizei".

„Geht es Ihnen gut?", fragt der Polizist.

„Danke, bestens", antworte ich und bin gleich doppelt erstaunt. Erstens, weil der Hüter der öffentlichen Ordnung auf dem Fahrrad unterwegs ist, zweitens, weil er sich persönlich um das Wohlergehen von Spaziergängern sorgt.

„Wissen Sie", sagt der Polizist, „Sie stehen hier an einer besonderen Stelle."

„Ja", antworte ich. „Die Aussicht ist exorbitant."

„Nicht nur das", sagt der Polizist. „Diese Aussicht ist das Letzte, was viele Menschen in ihrem Leben gesehen haben."

Keine Ahnung, was der Mann meint.

Der Polizist erkennt, dass er mir eine Erklärung schuldet.

„Von dieser Stelle sind schon viele Selbstmörder nach unten gesprungen …"

Jetzt begreife ich. Deshalb wollte er wissen, ob es mir gut geht.

„Keine Angst …", beginne ich, aber der Polizist ist noch nicht fertig.

„Sogar der Thomas Bernhard ist hier gestanden und wollte springen. Aber dann hat er es sich anders überlegt." Er klingt nachdenklich. „Kennen Sie Thomas Bernhard?"

Ich nicke. Stimmt, es gibt diese Stelle in *Der Untergeher*, denke ich mir, ich muss sie nachschlagen. Als ich sie später finde, erscheint mir die besorgte Stimme des literaturkundigen Polizisten gleich in einem ganz anderen Licht.

Der Text lautet so: „Glenn habe ich merkwürdigerweise auf dem Mönchsberg kennengelernt, auf meinem Kindheitsberg. Ich hatte ihn zwar schon vorher im Mozarteum gesehen, aber kein Wort mit ihm gesprochen gehabt vor dieser Begegnung auf dem Mönchsberg, der auch der Selbstmordberg genannt wird, weil er wie nichts sonst für den Selbstmord geeignet ist und es stürzen sich ja auch wenigstens drei oder vier allwöchentlich von ihm aus in die Tiefe. Die Selbstmörder fahren mit dem Lift im Innern des Berges auf ihn hinauf, gehen ein paar

Schritte und stürzen sich in die Stadt hinunter. Die auf der Straße Aufgeplatzten haben mich immer fasziniert und ich selbst bin (wie übrigens Wertheimer auch!) sehr oft auf den Mönchsberg hinaufgestiegen oder hinaufgefahren in der Absicht, mich hinunterzustürzen, aber ich habe mich nicht hinuntergestürzt (wie auch Wertheimer nicht!). Mehrere Male hatte ich mich (wie Wertheimer auch!) schon zum Absprung aufgestellt, aber bin, wie Wertheimer, nicht abgesprungen. Ich habe umgedreht."

„Bleiben Sie noch?", fragt der Polizist, der sich jetzt wieder auf sein Dienstfahrzeug schwingt.

„Nein", sage ich, „ich wollte gerade ..."

Der Polizist tippt mit dem Zeigefinger an seinen silbernen Helm und tritt in die Pedale, und auch ich gehe weiter.

Bei der Steinhütte auf der Richterhöhe kaufe ich mir ein Eis. Kein anderer Industrieeisgeschmack kommt an die Imagination einer Ananas so heran wie der „Jolly" von „Eskimo". Ich werfe einen Blick auf den Stadtteil Riedenburg, wo an den Flanken zum Berg mutige, ansprechende Architektur entstanden ist. Beim Lodron-Zwinger setze ich mich auf eine Bank und beschaue den kleinen Weingarten mit frührotem Veltliner, der hier angelegt wurde und sein Bestes gibt. Auf dem Krauthügel ist ein riesiger Stern in die Landschaft gefallen, weil es der Künstler Paul Wallach so wollte. Die aus 70 Betonsegmenten zusammengesetzte Skulptur „Down to the Ground" wirkt klein und fragil, als ich sie vom Zwinger aus betrachte – noch stärker ist diese Wirkung übrigens, wenn man sie von den Südterrassen der Festung aus in den Blick nimmt, die ich später aufsuche –, aber als ich über die Wiesen hinuntergehe, um den Stern aus der Nähe anzusehen, entfaltet er vor mir seine ganze Dimension. Die Betonblöcke bilden plötzlich eine Art Labyrinth, in dem man sich ohne Weiteres verlieren kann. Oder man legt sich, so wie ich das jetzt versuche, auf den Beton und blickt dorthin, wo dieser Stern vielleicht einmal war: nach oben, ins blaue Nichts.

Als ich später wieder zur Festung aufsteige, komme ich zwangsläufig am Haus 17/17A vorbei. In diesem Haus hat Peter Handke mit seiner Tochter Amina acht Jahre lang gewohnt. Sein Freund Hans Widrich, der damals Pressechef der Salzburger Festspiele war, vermietete Handke den hinteren Trakt des Hauses, das später auch als „Kartenspielerhaus" zur Kulisse für die Erzählung *Der Chinese des Schmerzes* wurde.

Von hier aus, vor allem vom „Felsfenster", wo sein Schreibtisch stand, überblickte Handke die gesamte Salzburger Ebene. Er sah das

Leopoldskroner Moos mit dem Flughafen, den Morzger Wald, Staufen und den Untersberg, den er wegen der steigenden Nebel und hängenden Wetter einmal den „Wolkenküchenberg" genannt hat.

Es ist interessant, Landschaft durch die Augen Peter Handkes zu betrachten oder diesen Blick wenigstens schüchtern nachzuahmen. Plötzlich scheinen sich die als Selbstverständlichkeit empfundenen Konturen der Natur in kleinste Segmente aufzulösen. Der Rhythmus der Gegend verlangsamt sich, weil jedes Detail, jede scheinbare Normalität zu genauerer Betrachtung einlädt. So ist auch die scheinbare Ziellosigkeit zu erklären, mit der Handke durch die Wälder des Mönchsbergs streifte. Manchmal montierte er mit seiner Beißzange sogar die Wegweiser der Wanderwege von den Bäumen ab, weil sie ihn störten. „Was brauch ich mitten in der zivilisierten Welt dieses Getue mit Wanderwegen", sagte er in einem Interview, „jeder hat doch seinen Weg selber zu finden und wird ihn auch finden … "

Als mir ein Freund den Vorschlag macht, mit ihm auf den Untersberg, auf Peter Handkes „Wolkenküchenberg", zu gehen, stimme ich sofort zu. Ich erinnere mich an das Foto aus der Sammlung des Salzburger Germanisten Adolf Haslinger, auf dem Handke und der Professor gemeinsam auf dem Untersberg stehen, und wo Handke so vergnügt und frei in die Kamera schaut, wie es kaum ein professioneller Fotograf je festgehalten hat.

So frisch und unvoreingenommen möchte ich auch auf Salzburg hinunterschauen. Wir wollen früh aufbrechen, um über den Dopplersteig aufzusteigen. „Abreise 5 Uhr 30 bei der Blauen Gans", sagt mein Guide, „Wanderbeginn 6 Uhr 00, dann können wir spätestens um Viertel nach acht auf der Hochalm ein Bier trinken."

Nun ist der Untersberg nicht die Karikatur eines Berges, sondern ein echter Berg. Wir machen diese Tour, um zu sehen, wie nahe am barocken Stadtzentrum von Salzburg die echte Wildnis wohnt, wie sie Caspar David Friedrich nicht besser hätte einfallen können, und die Kennzahlen des Wanderführers, den ich am Abend vor dem Aufbruch kurz studiere, geben lakonisch Auskunft darüber, was uns erwartet: „Steiler und mühsamer Aufstieg auf den Hausberg der Salzburger mit einer versicherten rd. 200 Meter langen Steilstufe vor dem Zeppauerhaus". Weiter unten finde ich dann die Passage, die mich etwas, sagen wir, einschüchtert: „Trittsicherheit und Schwindelfreiheit erforderlich. Für Kinder aufgrund des gewaltigen Höhenunterschieds nicht geeignet. Bei Nässe extrem gefährlich!"

Zur Sicherheit erzähle ich meinem Wanderguide also die Geschichte, als ich in Grindelwald zur Glecksteinhütte aufsteigen wollte und von einem Wanderweg daran gehindert wurde, der maximal einen halben Meter breit war, während der Berg von der Wegkante senkrecht nach unten abfiel. Eine ganze Kolonie gut genährter Wandersleute stürzte sich auf diese hochalpine Geisterbahn, aber ich musste mir eingestehen, dass die Abwesenheit von Höhenangst nicht zu meinen hervorragenden Eigenschaften zählt. Ich drehte um.

„Geht schon", lächelt mein Animateur einfühlsam und schlägt mir auf die Schulter.

Er hat recht. Wir gehen von Glanegg, wo wir den ziemlich eindrucksvollen Stammsitz der Familie Mayr-Melnhof passiert haben, zuerst über steile Stufen und dann über die sogenannten Himmelsleitern in die Obere Rositten, machen etwa 750 Höhenmeter in der ersten Stunde, was einen ersten Überblick über Salzburg, seine Hausberge, die Autobahnadern und den Flughafen erlaubt.

Etwas später, wir haben gerade zwei Gämsen gesehen, biegen wir auf das Steilstück ein, vor dem ich mich seit dem Abend davor ein bisschen fürchte. Tatsächlich schmiegt sich der Aufstieg an eine steil abfallende Wand, aber während mich bereits Erinnerungen an Grindelwald plagen, macht der Wanderführer, der zugleich mein psychologischer Berater ist, seinen Job und redet so unwiderstehlich auf mich ein, dass ich vor lauter Reden auf meine Angst vergesse. Zwanzig Minuten später haben wir die Passage hinter uns, und noch einmal eine halbe Stunde später sitzen wir auf der Hochalm beim Bier, 1500 Höhenmeter in den Beinen, einen Blick vor uns, der die Fröhlichkeit von Peter Handke nicht nur erklärt, sondern ansteckend wirkt.

Um es mit Dua Lipa zu sagen: „I'm levitating".

WOLKEN

BERG

KÜCHEN

04
Zu den
Festspielen
_

Normalerweise fallen Eintrittskarten für die Salzburger Festspiele nicht vom Himmel, aber diesmal schon. Jemand – also nicht irgendjemand, aber sicher niemand, von dem ich erwartet hatte, dass er zu viele Karten für eine Festspielproduktion im Talon haben könnte – fragte mich am späten Vormittag eines Augusttages, als ich mich gerade anschickte, schwimmen zu gehen, vielleicht noch einen kleinen Spaziergang zu machen und den Tag in einem hübschen Gastgarten ausklingen zu lassen, ob ich nicht den Abend mit ihm verbringen wolle. Bei den Festspielen.

Bei den Festspielen. Allein diese kleine Phrase hat, was man landläufig einmal „Gravitas" nannte. Heute sagt man: volle Dröhnung. Bei den Festspielen, das bedeutet nicht nur, dass man in der Regel hohe Kunst erwarten darf, sondern dass man dieser Kunst auch würdig gegenübertreten muss, jedenfalls an der Oberfläche.

Dafür war ich nicht gerüstet. Zwar verreise ich nicht unbedingt in kurzen Hosen, aber meine Garderobe bedurfte eindeutig einer gewissen Auffrischung, wenn ich im Großen Festspielhaus nicht als Eisverkäufer auftreten wollte. Ich nahm die Herausforderung an. Rumorte ein bisschen bei Dantendorfer herum, bis der einen hübschen Blazer von Barena und ein weißes Hemd rausrückte, konnte mich aber auf kein Schuhwerk einigen, das meinen Ansprüchen genügte und erschien schließlich in ziemlich unansehnlichen Sneakers, die ich notgedrungen zur ansonsten einigermaßen brauchbaren Erscheinung kombiniert hatte, zum Aperitif vor dem Festspielbesuch, der natürlich im Garten der Blauen Gans eingenommen wurde.

Es sind prickelnde Momente, wenn in der letzten Stunde vor dem Einlass ins Festspielhaus in der Salzburger Altstadt die Verkleideten und die Neugierigen aufeinandertreffen und auf fluide Weise die Bedürfnisse des jeweils anderen befriedigen. Die einen schreiten mit gestrafftem Mieder und 500-Euro-Frisur am Arm ihres Kavaliers hinaus in die Mixed Zone, Kennerschaft ein- und Wohlstand ausatmend, während die anderen in den Gesichtszügen zu erkennen trachten, ob es sich bei der der herausgeputzten Erscheinung tatsächlich um eine Prinzessin handle oder die Erbin eines Kaufhausimperiums und wenn nicht, warum nicht. Umgekehrt wäre der Friseurbesuch natürlich gar nicht notwendig gewesen, wenn er beim Publikum auf den billigen Plätzen nicht diesen „Echt jetzt?"-Blick evozieren würde, und die fragenden Blicke, wer zum Hen-

ker denn die Dame mit diesen, hm, Haaren sei, wird von diesen Damen selbst zu dem wohltuenden Gefühl des Erkannt- oder mindestens Bewundert-Werdens umgedeutet. Es gibt nur Gewinner.

Als ich zwei Gläser Champagner später über den Herbert-von-Karajan-Platz in die Hofstallgasse ging, fühlte ich mich ein bisschen schuldig. Erstens natürlich wegen meines lächerlichen Schuhwerks, dessen Lächerlichkeit mich umso mehr bedrückte, als ich von links und rechts eine regelrechte Maßschuhparade auf mich zumarschieren sah, auf Hochglanz gewichstes Pferdeleder, glänzendes Rindsleder, darunter auch den einen oder anderen Haferlschuh samt dazugehörigem Lodenfreak.

Dann erst sah ich den Schauspieler Peter Lohmeyer, der großzügig sein berühmtes Lächeln nach links und nach rechts verteilte – und so wie ich Turnschuhe trug. Für einen Moment wünschte ich mir, schlagartig auch berühmt zu sein, Hände zu schütteln und Kinder zu segnen, allein, weil das meine schlechten Schuhe unsichtbar gemacht hätte. Aber dann fiel mir wieder das unwiderlegbare Diktum meines Freundes Donald Duck ein, das lautet: „Man muss nur berühmt sein, dann reißt sich jeder um einen", und das ist ungefähr genau das Gegenteil all dessen, was ich mir vom Leben wünsche.

Also schämte ich mich noch ein bisschen für meine Sneakers, aber nicht mehr ganz so heftig wie vor den Aperitiven. Dann hörte ich von fern das Läuten der Festspielhausglocke, das uns in die heiligen Räume der Kunst rief.

Salzburg und die darstellende Kunst haben eine lange gemeinsame Geschichte. Im Mittelalter wurden in der Stadt große Mysterienspiele aufgeführt. Im Salzburger Dom, der im 8. Jahrhundert als romanische Kirche entstand, 1598 abbrannte und 1628 in seiner neuen Gestalt von Fürsterzbischof Paris von Lodron geweiht wurde, fand nicht nur zur Eröffnung ein acht Tage dauerndes Historienspektakel statt, vielmehr standen auch regelmäßig prunkvolle Oratorien und Messen auf dem Programm. In Hellbrunn wurden Wasserspiele erdacht und gebaut. An der Universität boten Schauspieler und Sänger Dramen und Singspiele dar, angeblich sehr zur Freude der teilnehmenden Bevölkerung.

Als 1876 in Bayreuth die dortigen Festspiele begründet wurden, gab es zwischen Wien und Salzburg die ersten Überlegungen, wie man das heimische Genie Mozart, das inzwischen, fast hundert Jahre nach seinem Tod, endgültig als solches erkannt worden war, in den Mittelpunkt eigener Festspiele stellen könnte.

Die Konkretisierung dieser Pläne scheiterte aber regelmäßig am Geld. Selbst als der Dramatiker Hermann Bahr um 1903 den Regisseur Max Reinhardt ins Spiel brachte, der am Salzburger Stadttheater seine Laufbahn als Schauspieler begonnen hatte und inzwischen in Berlin eine Art „Megastar" war, zündete das Projekt noch nicht. Dann wurde 1916, mitten im Ersten Weltkrieg, ein Verein zur Gründung eines Salzburger Festspielhauses ins Leben gerufen. Hier sollte nicht nur das Werk Mozarts gepflegt, so der pathetische Aufruf, der erst nach Kriegsende veröffentlicht wurde, sondern auch „eine geistige Brücke zwischen Ost und West" geschlagen werden. Das war ein klares Echo der militärischen Niederlage und spielte auf die bleibende Zusammengehörigkeit zu jenen Ländern an, die nicht mehr zu Österreich gehörten.

1918 kaufte Max Reinhardt Schloss Leopoldskron, weil er vorhatte, zukünftig seine Sommer in Salzburg zu verbringen. Gemeinsam mit Hugo von Hofmannsthal skizzierte er unmittelbar darauf einen Entwurf für Festspiele, die zeigen sollten, zu welchen kulturellen Höhen der „bayrisch-österreichische Stamm" sich aufschwingen könne – im Gegensatz zum preußischen. Es ging den beiden also um die Definition einer Art Nationalkultur, formal ähnlich, aber inhaltlich komplett anders als alles, „was in Bayreuth, gruppiert um ein norddeutsches Individuum, Wagner, geübt wird".

Die Salzburger Festspiele sollten „um ein ungleich komplexeres und höheres Zentrum, die Kunst Österreichs" herumgebaut werden, formulierte es Hofmannsthal in seiner frühesten Programmschrift nach dem Krieg.

Jetzt brauchte es nur noch die Zustimmung der neuen auf ihr ungewohntes Maß zurückgestutzten Republik Österreich in Gestalt ihrer Salzburger Repräsentanten, die in den Salzburger Festspielen allerdings weniger ein Instrument für einen preußisch-österreichischen Kulturkampf sahen, als vielmehr eine mögliche Ankurbelung des Tourismus. Schon damals.

Am 22. August 1920 fand auf dem Domplatz schließlich die erste Aufführung des *Jedermann* statt, jenes „Spiel vom Sterben des reichen Mannes", das bis heute am selben Ort dargeboten wird.

In den Jahren darauf strickten der Komponist Richard Strauss und der Dirigent Franz Schalk ein musikalisches Programm um das Theaterprogramm, Schwerpunkt natürlich Mozart, und es entstand über die Jahre die alchemistische Mischung aus Oper, Theater und Konzert, von der die Salzburger Festspiele bis heute geprägt sind.

Reinhardt tastete sich mit dem Theater weit in die Stadt, erfand unter anderem die Felsenreitschule und die Kollegienkirche als Spielstätten, während an der Stelle der fürsterzbischöflichen Hofstallungen ein erstes provisorisches Festspielhaus entstand, das von dem Architekten und seit 1913 Salzburger Landeskonservator Eduard Hütter entworfen und schon nach der ersten Saison vom Tiroler Architekten Clemens Holzmeister umgebaut wurde. Holzmeister entwarf darüber hinaus Bühnenbilder für Beethovens Oper Fidelio und korrigierte in den folgenden Jahren in engster Abstimmung mit Arturo Toscanini die Architektur des kleinen Festspielhauses. Seine Arbeit wurde wie vieles andere ausradiert, als die Nazis die Macht übernahmen, jüdische Künstler aussortierten, „entartete Kunst" entfernten und klassizistischen Schwulst applizierten.

Der Kunstbegriff der Nazis blieb zum Glück ein Zwischenspiel, auch wenn nach Ende des Krieges einige Künstler, die sich mit den Nationalsozialisten arrangiert hatten, weiterhin führende Positionen bei den Festspielen, vorwiegend am Dirigentenpult, einnahmen. Einer von ihnen, Herbert von Karajan (oder Heribert Karajan, wie er amtlich nach der Abschaffung der Adelstitel eigentlich hieß, was aber niemanden daran hinderte, den Herrn Karajan als Herr von Karajan anzusprechen), prägte die Festspiele zuerst als Künstlerischer Leiter, später als Kuratoriumsmitglied über Jahrzehnte, genaugenommen bis zu seinem Tod im Jahr 1989. In seiner Ära entstand, wiederum geplant von Clemens Holzmeister, das Große Festspielhaus, das bis heute mit seiner langen, strengen Fassade so etwas wie das Schaufenster der Festspiele darstellt.

Karajan holte die größten Stars des Klassikbetriebs nach Salzburg. Er etablierte ein striktes Celebrity System, das offensichtlich seiner Interpretation des Hofmannsthal-Mottos „Von allem das Höchste" entsprach. Mit seiner exzentrischen Frau Eliette war er Stammgast in den Klatschspalten, und ich habe mir die Story gemerkt, dass Karajan mit seinem Porsche angeblich auf der Busspur fahren durfte, um seine wertvolle Lebenszeit nicht im Stau vergeuden zu müssen. Keine Ahnung, ob die Geschichte stimmt, aber gut ist sie. Karajans Klangbesessenheit bescherte der Deutschen Grammophon, seiner Plattenfirma, nicht weniger als ein Drittel ihrer Gesamtumsätze und dem Salzburger Umland sogar eine CD-Fabrik von Sony. Die Festspiele veränderten sich in dieser Zeit zum internationalen Gesellschaftsereignis mit Klassik-Gütesiegel.

Die Uraufführung von mehreren Thomas-Bernhard-Stücken – *Der Ignorant und der Wahnsinnige*, 1972, *Die Macht der Gewohnheit*, 1974, *Am Ziel*, 1981, *Der Theatermacher*, 1985, *Ritter, Dene, Voss*, 1986 – begründete die Zusammenarbeit zwischen Bernhard und Claus Peymann, fand aber im Schatten der höher bewerteten Operninszenierungen statt – die Früchte der Kollaboration erntete in den Jahren darauf das Wiener Burgtheater. Erst als nach dem überraschenden Tod Karajans – er war zwar 81, hatte aber in Salzburg als unsterblich gegolten – der belgische Impresario Gérard Mortier die Festspiele übernahm, war Schluss mit dem Greatest-Hits-Programm.

Die Festspiele nahmen wieder Gestalt an als künstlerisches Labor für das große Salzburger Welttheater, eine zeitgemäße Verknüpfung inhaltlicher und ästhetischer Impulse, eine Suche nach Erkenntnis und Herausforderung. Von dieser Philosophie – sowie von einer gleichberechtigten Bewirtschaftung der Bereiche Oper – Schauspiel – Konzert – sind auch die nach Gérard Mortier engagierten Intendanten nicht mehr abgewichen.

Ich hatte damals das Privileg, Gérard Mortier kennenzulernen und mit ihm ausführlich durch die Landschaften seiner Festspiele zu wandern. Ich traf den großen Regisseur Robert Wilson in Mortiers Haus, sah seine auf Schatten, Licht und Farben reduzierte Fassung von Debussys *Pelléas et Mélisande*, hörte den Philharmonikern bei einer Orchesterprobe unter Sylvain Cambreling zu, was mir ein Maßstab für Finesse und Genauigkeit war, und wurde Zeuge, wie Hillary Clinton, damals First Lady, auf Besuch nach Salzburg, also zu den Festspielen, kam und von Mortier, diesem galanten Diplomaten seiner Leidenschaften, alle nötigen Erklärungen erhielt.

Kurzzusammenfassung: Wir machen hier etwas, Mrs. President, was es sonst auf der ganzen Welt nicht gibt. Unser Auftrag lautet, Kunst herzustellen, die ihresgleichen sucht und damit auf der Suche nach Schönheit und Erkenntnis ein Maßstab ist. So happy to have you here, best regards to your husband …

So lernte ich diese Facette Salzburgs kennen. Manchmal muss man sich durch die dicken Schlaraffenlandmauern aus barocker Schönheit, folkloristischem Glamour und stenziger Selbstzufriedenheit durchfressen, um zu diesem, ihrem Kern vorzudringen. Aber dann erlebt man höhere Klarheit.

An jenem Turnschuhtag sah ich *Médée* von Luigi Cherubini in der Inszenierung von Simon Stone. Es war ein erstaunliches Erlebnis.

Simon Stone verschnitt die hundert Meter breite Bühne des Großen Festspielhauses mit Szenen eines Films, den er im Vorfeld gedreht hatte, rückte die Geschichte des mythologischen Kindermords mitten in unsere Wohlstandsgesellschaft und machte die Ausweglosigkeit für seine Medea auf moderne Weise nachvollziehbar und anschaulich. Nie hatte ich das Medium Oper so zupackend und unmittelbar erlebt wie hier, und ich erinnere mich an die heftige Diskussion, die wir nach dem Schlussvorhang in der Hofstallgasse führten, die zwischen Deutung und Ästhetik dessen oszillierte, was wir gesehen hatten.

Der Abend endete intellektuell irgendwo, wo wir uns noch nicht aufgehalten hatten, während er physisch im Wirtshaus stattfand, wo wir Gebackenes verzehrten und kühle Rotweine tranken. Ich nenne das einen nahezu idealen Festspielzustand, vor allem wenn man sich nicht um allerhand Festspielprobleme kümmern muss wie Tischreservierung, Hotelbuchung oder Ähnliches, was einen normalen Menschen absolut auslasten kann, mir aber von meiner Begleitung abgenommen war.

Seither sehe ich das Große Festspielhaus anders, wenn ich durch den Festspielbezirk spaziere. Zwar bilde ich mir ein, in der Fassadengestaltung Spuren faschistischer Architektur zu erkennen, was umso plausibler wäre, als Clemens Holzmeister ja im Austrofaschismus Mitglied des Staatsrates war und während dieser Zeit an sämtlichen größeren Bauvorhaben in Österreich beteiligt. In diversen Architekturdatenbanken fand ich nichts über diesen Zusammenhang. Ich muss aber auch nicht immer recht haben.

Entscheidend ist ja viel mehr, dass ich in dem Haus ein Raumschiff erkenne, das immer wieder zu Expeditionen in unerforschte Territorien aufbricht und von dort etwas mitbringt, was wir noch nicht gekannt, nicht gesehen, nicht gehört und nicht gefühlt haben.

Manchmal fliegt es hoch. Manchmal macht es nur einen kleinen Satz. Manchmal bleibt es auch sitzen. Aber immer ist es auf der Suche, und das verbindet uns miteinander.

Ich studiere den Spruch, der unter dem Dachfirst des Großen Festspielhauses als Motto hingeschrieben wurde, in Versalien:

SACRA CAMENAE DOMUS /
CONCITIS CARMINE PATET /
QUO NOS ATTONITOS /
NUMEN AD AURAS FERAT.

Reichte mein Latein, um diesen Satz des Benediktinermönchs und Theologieprofessors Thomas Michels aus dem Stegreif zu übersetzen? Es reichte nicht, ich brauchte Hilfe. Also erfuhr ich, was das Motto bedeutet: „Der Muse heiliges Haus steht Kunstbegeisterten offen, als Entflammte empor trage uns göttliche Macht".

Bis auf die göttliche Macht deckte sich das erstaunlich gut mit meiner eigenen bescheidenen Beobachtung.

05
In der
Nacht

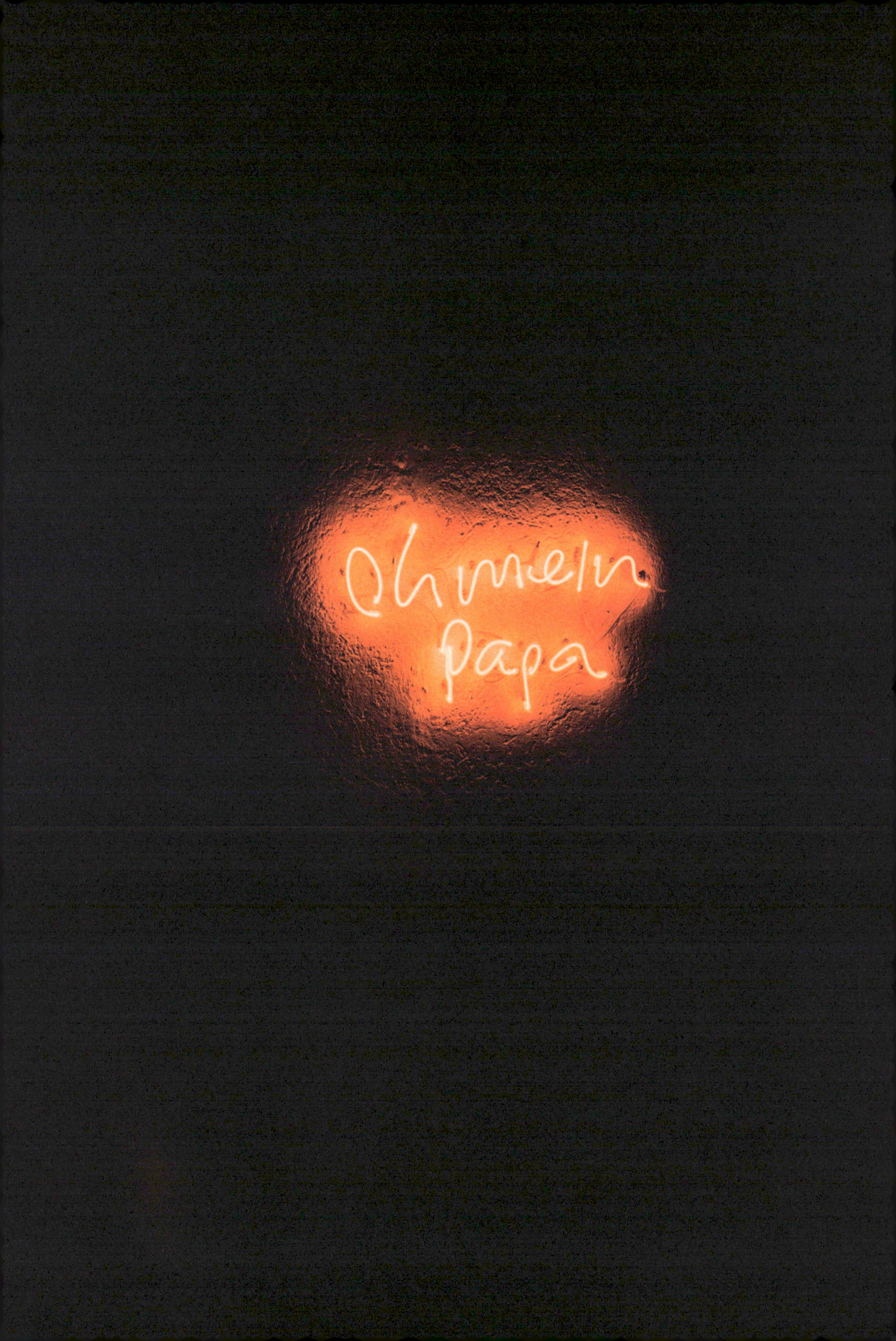
Oh mein
Papa

NACHTS SIND
IN SALZBURG

NICHT NUR DIE
GEDANKEN
FREI.

Wenn es auf Mitternacht geht, liegt selbst das Foyer der „Blauen Gans" im feierlichen Halblicht. Das stellt eine natürliche Verbindung nach außen her, denn auch die Getreidegasse wird nur noch von dem weichen gelben Straßenlicht erhellt, das den ausgesuchten Zeitgenossen vorbehalten bleibt, die um diese Zeit nicht schon längst schlafen oder willenlos ihrer neuesten Netflix-Serie ausgeliefert sind.

Ich mag diese Tageszeit. Sie nimmt mir Ballast von den Schultern. Ich kann in der Mitte der Getreidegasse gehen, die Augen schließen und zehn oder zwanzig Schritte abzählen, ohne dass ich mit einem Passanten kollidiere. Ich kann zickzack gehen, ich kann laufen, ich kann mich im Kreis drehen, und das ist angesichts der Tatsache, dass sich hier bei Maximalnutzung in der Hochsaison ungefähr zwölf Menschen am Quadratmeter drängen, doch ein erheblicher Zugewinn an Freiheit.

Die Nacht steht der Stadt Salzburg gut. Die flächigen Neoninterventionen der Metropolen sind hier nur urbane Legende. Stattdessen bemächtigen sich Schatten der hohen Fassaden und tiefen Zwischenräume. Sie laden zum Abschweifen ein, zum Beispiel auf Zeitreisen.

Ich stelle mir vor, eine Zeitmaschine würde mich 40 Jahre zurück in die Getreidegasse tragen. Dann wäre die Gestalt in dem weiten dunklen Mantel, die vor der geschlossenen Likörstube Sporer steht, vielleicht Peter Handke, der sich auf dem Rückweg vom Mostwastl auf den Mönchsberg verlaufen und Lust hätte, noch etwas trinken zu gehen. 60 Jahre zurück, und mir käme wortlos der junge Thomas Bernhard entgegen und erwiderte meinen Gruß nicht. 120 Jahre, und Georg Trakl würde mit glühenden Augen nach dem Typen suchen, der ihm das Kokain versprochen hat. 200 Jahre, und der junge Christian Doppler betrachtet interessiert die Sterne, die über der Schlucht der Getreidegasse stehen, und hat eine bestechende Idee, wie ihr Schimmer beschaffen sein könnte.

Bevor ich jetzt auch noch zwangsläufig Mozart auftreten lasse, so zwangsläufig wie Jonas Jonassons *Hundertjähriger* den prominentesten Figuren der Weltgeschichte begegnet, erinnere ich mich daran, dass zu Mozarts Zeit Dunkelheit noch Dunkelheit war. Zwar schlug die Getreidegasse schon damals dieses zauberhafte flache „S" in das Herz der Altstadt, die Nächte hatten aber einen ganz anderen Grauwert als heute.

Denn mit alter Dunkelheit hat die Dunkelheit von heute nichts zu tun. Die Beleuchtungen der Geschäfte, der Hotels und Gaststätten sind auf sparsames Maß heruntergedimmt, aber gelöscht werden sie nie. In diesen Reflexionen indirekten Lichts gehe ich die Getreidegasse entlang. Obwohl ich Sneakers trage, höre ich den Klang meiner Schritte zwischen den Fassaden der Bürgerhäuser aufsteigen und verhallen.

Vor dem Hagenauerhaus bleibe ich stehen. Es hat leicht zu regnen begonnen, und die Straßenbeleuchtung schraffiert Schlieren in das frisch verlegte Straßenpflaster. Ich kann mir in Ruhe anschauen, dass auf den Torflügeln des Hauses die Löwen eine Äskulapnatter im Maul tragen. Sie sind dem Hofapotheker Chunrad aus der Fröschlmoser-Dynastie zu verdanken, der das Haus 1585 gekauft hat. Knapp hundert Jahre später ging es in den Besitz der Familie Hagenauer über, nach denen das Haus noch heute heißt.

Die Hagenauers waren äußerst erfolgreiche Gewürzhändler und Kaufleute, aber das ist nicht der Grund, warum wir uns noch heute an sie erinnern. Wir erinnern uns deshalb an sie, weil Johann Lorenz von Hagenauer eine Wohnung im dritten Stock dieses Hauses an Leopold und Anna Maria Mozart vermietete. Das Paar zog im November 1747 ein, wenige Tage nach der Hochzeit im Salzburger Dom. Am 27. Jänner 1756 kam als siebentes Kind der Familie der Sohn Joannes Chrysostomus Wolfgangus Theophilus Mozart zur Welt, eines von zwei Kindern der Familie, das nicht im Kindesalter starb.

Ich betrachte das verschnörkelte Portal, durch das die Familie Mozart aus und ein gegangen sein muss. Es verpasst mir denselben Schauer Authentizität wie ein Besuch am Grab eines bewunderten Menschen, dem man im Leben niemals so nahe gekommen wäre wie als ungebetener Besucher auf dem Friedhof. Aber so wie man sich zur Ruhestätte von Jim Morrison auf dem Pariser Friedhof Père Lachaise durch Kohorten von Althippies und ihrer jungen Frauen kämpfen muss, die auf der Gitarre „Riders On The Storm" klimpern, bedarf es dieser ungewöhnlichen Uhrzeit, um Mozarts Geburtshaus einen Besuch abzustatten. Das Morrison-Grab ist übrigens mit zerdrückten Bierdosen und leeren Whiskeyflaschen dekoriert. Hier hat die Straßenreinigung ganze Arbeit geleistet.

Ich schlendere jetzt über den Kranzlmarkt und durch die Judengasse. Lokale und Imbissstände säumen die enge Gasse. Um diese Zeit haben alle geschlossen. Ein Steakhouse. Ein Whiskeyladen. Ein Italiener, ein Inder. Irritierenderweise auch Zillertaler Trachten statt Salzburger Loden. Hier befindet sich das historische Zentrum des Salzburger Handels, und man verkauft Skateboardklamotten und Steifftiere.

Schwarz-weiß liegt der Residenzplatz vor mir. In das „Café Glockenspiel" ist ein Weihnachtsmuseum eingezogen, das auch im Sommer geöffnet hält. Die Außenmauern des Doms schimmern in dunklem Grau, und ich erinnere mich an einen denkwürdigen Moment, als hier der ungebrochene Neil Young mit den Grunge-Ikonen von Pearl Jam zu einem Open Air auftrat. Ich stand damals mitten in den zehntausend Zuschauern und fragte mich, wo der alte Haudegen diese drei Schulbuben aufgetrieben hatte, mit denen er auf der Bühne stand. Die drei sahen natürlich nur so jung aus, weil Young – nein, keine Namenswitze! – vergleichsweise so alt wirkte. Trotzdem fügten sich die Energie, der Krach, die Wut, die Poesie, die Leidenschaft, das Genie dieser so unterschiedlichen Musiker zu einem außergewöhnlichen Moment, der für mich die Zeit stillstehen ließ. Als die Band das laute, monotone und hinreißende Epos „I'm The Ocean" spielte, ein Stück, das mit maximal drei Akkorden auskommt, aber jede Menge Strom für die Elektrogitarren braucht, war ich auf fast religiöse Weise ergriffen. Der Sound, die Botschaft, die physisch zupackende Lautstärke, die Einmaligkeit dieses kostbaren Augenblicks sind der Patina dieses Raums, dieses Platzes, dieser Stadtlandschaft für immer eingeschrieben.

Witzig, denke ich, dass mir in einem Augenblick artfremder Stille ausgerechnet dieses pathetische Furioso einfällt. Als ich zum Domplatz weitergehe, fällt mir auf, dass meine Schritte den Rhythmus von „I'm The Ocean" angenommen haben, also bleibe ich wieder stehen, um mich im Stakkato des unhörbaren Songs zu wiegen, einer von zehntausend vor der großen Bühne, begeistert, aufgekratzt, besoffen, ohne auch nur ein Bier getrunken zu haben, nur dass weder die Bühne noch die restlichen zehntausend anwesend sind.

Nachts sind in Salzburg nicht nur die Gedanken frei. Ich bin es auch.

Als ich dann vor dem unbeleuchteten Salzburger Dom stehe, erinnere ich mich an eine Nacht vor vielen Jahren, als ich um diese Zeit frierend auf der Domorgelempore saß. Damals wollte ich Zeuge einer Eingebung werden. Der Vorarlberger Schriftsteller Robert Schneider hatte mit seinem Roman *Schlafes Bruder* einen ungeahnten Erfolg gelandet, und der deutsche Filmregisseur Joseph Vilsmaier schickte sich an, den Stoff zu verfilmen.

Als Komponist für die Filmmusik war Hubert von Goisern gewonnen worden. Er saß an der Großen Orgel mit ihren 58 Registern

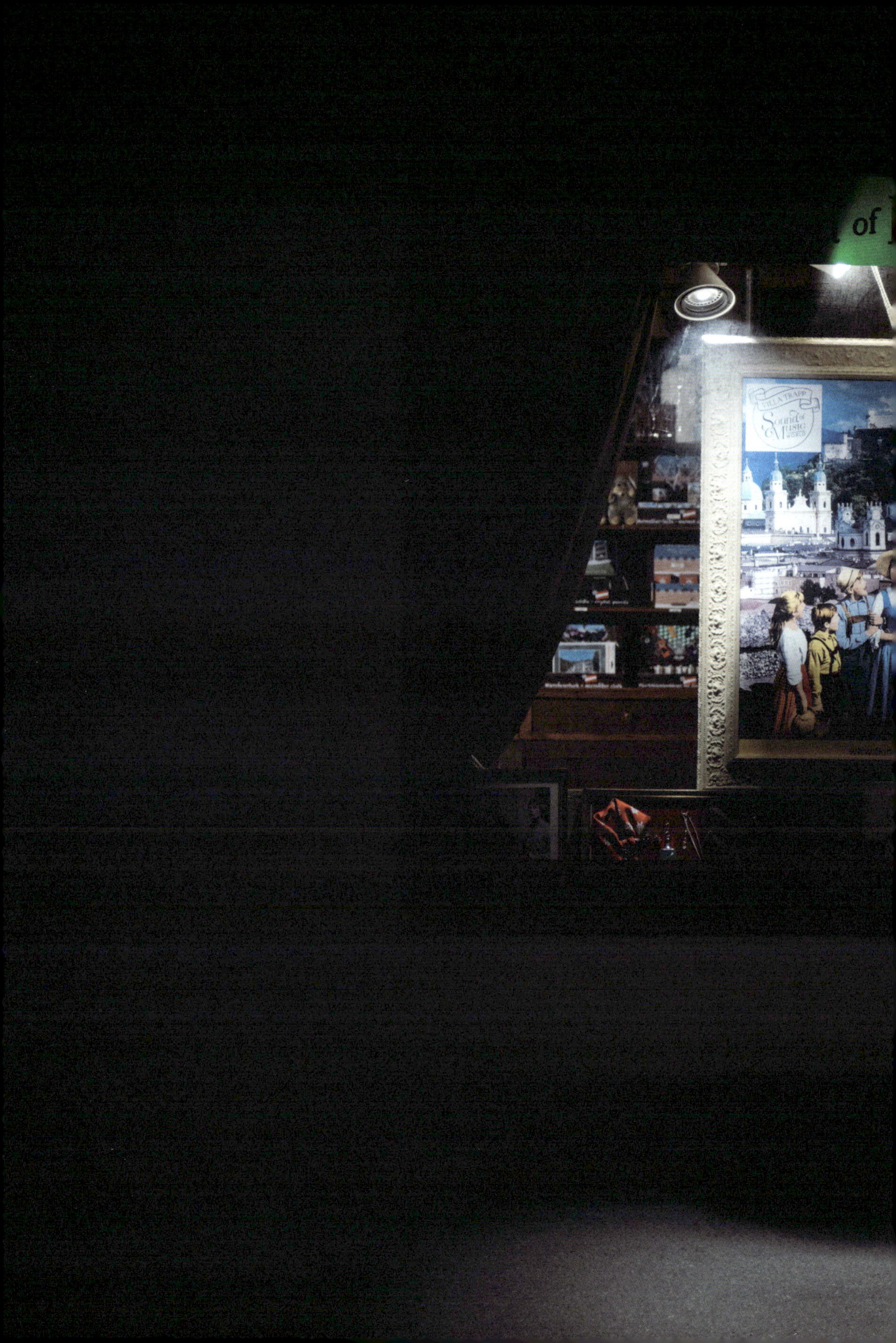
of
VILLA TRAPP
Sound of Music

und dachte mit den Fingern über den dramatischen Schluss des Films nach. Der Protagonist Johannes Elias Alder improvisiert darin über dem Schlusschoral von Bachs *Kreuzstabkantate*. Der Choral trägt den ergreifenden Titel „Komm o Tod, du Schlafes Bruder", der Titel des Buches ist ihm nachempfunden. Das Orgelspiel von Johannes Elias Alder ist so dramatisch und kunstvoll, dass der Protagonist dabei vom Leben zum Tod kommt.

In Schneiders Roman ist diese Stelle besonders eindrucksvoll. Der Autor beschreibt die Musik, die sein Protagonist in diesen Augenblicken tiefster Verstörung zum Klingen bringt, auf so klangvolle, melodische Weise, dass man Ekstase und Pein beim Lesen zu hören meint, fern, gedämpft, überirdisch und lockend: „Er spielte nun schon länger denn eine halbe Stunde und ein Ende war nicht abzusehen. Aber aus dem breiten dunklen Chaos regten sich allmählich versöhnlichere Stimmen. Den Melodien folgten andere Melodien, duftig und weich wie das im Frühlingswind wehende Gras. Und diesen Melodien folgten wiederum neue Melodien. Es waren Elsbeths Melodien. Und Elsbeths Melodien folgte die Melodie des Chorals. Der Choral aber war der Tod. So entstand ein Reigen, ein ephemeres Auf und Nieder immer neuer musikalischer Gedanken. Die Musik wechselte in einen ungeraden Takt, fiel zurück und wechselte abermals. An der Leichtfüßigkeit der immer neu hinzutretenden Stimmen konnte man erahnen, dass Elias nicht mehr von dieser Welt erzählte. Der Mensch war aus dem Chaos aufgestanden, das Gewicht der Erde zerrte ihn nicht länger nieder."

Hubert von Goisern sollte dieses „ephemere Auf und Nieder" jetzt tatsächlich hören lassen. Er machte das gut. Aber die Fallhöhe zwischen imaginierter Himmelsmusik und weltlichen Orgelklängen ist zu dramatisch, um auf einer Tonspur Platz zu finden. Ich erinnere mich an die markante Melodie des Bach-Chorals, die immer wieder den eiskalten Dom durchströmte. Als ich irgendwann spät schließlich einsah, dass ich nicht mehr Zeuge einer verklärten Nacht werden würde, verabschiedete ich mich.

Ich erinnere mich, wie ich mich in jener Nacht an eine andere Nacht erinnerte, Jahre davor, als ich, frisch und mit ungewissem Ausgang verliebt, in der Pauli Stubm eingekehrt war und dort, an einem bereits reichlich zerkerbten Wirtshaustisch, den Namen der damals verehrten Frau als geschnitzte Flaschenpost hinterließ. In der Schlafes-Bruder-Nacht war ich deshalb an der geschlossenen Pauli Stubm vorbeigegangen und hatte den Schwingungen von damals nachgespürt.

Jetzt statte ich dafür lieber Stephan Balkenhols Mann auf dem Ka-pitelplatz einen Besuch ab. Er steht dort mit weißem Hemd und dunk-ler Hose auf einer überdimensionalen goldenen Kugel, die im fahlen Nachtlicht das Gold abgestreift hat, und sieht von unten betrachtet ein wenig einem jungen österreichischen Kanzlerdarsteller ähnlich, wie er schweigend in die Nacht blickt. Die Installation namens „Sphaera" umgibt etwas ungeheuer Einsames. Je länger ich den Mann betrachte, desto lieber würde ich zu ihm auf die Kugel klettern, um ihn in den Arm zu nehmen, für die eine oder andere Minute.

Ich weiß, dass der Künstler Balkenhol dem Mann auf der Kugel auch eine Frau geschaffen hat. Sie fand ein paar Hundert Meter wei-ter neben dem Festspielhaus im Fels des Toscaninihofs ihren Platz. Im Gegensatz zum Mann auf der Kugel ist die Frau im Fels kaum sichtbar, schon gar nicht nachts. Als ich sie betrachten möchte, kann ich sie in der Dunkelheit nur erahnen, aber ich bilde mir ein, dass die Unsichtbarkeit sie wärmt, während das Licht den Mann auf der Kugel mit unermessli-cher Melancholie umspinnt.

Vom Künstler selbst sind auf solche Deutungen keine Antworten zu erwarten. Er ist bekannt dafür, die Geschichten seiner Objekte der Fantasie ihrer Betrachter zu überlassen.

Das bürdet mir ja allerhand Verantwortung auf, denke ich, denn sobald eine Geschichte ausgedacht ist, gibt es sie, und wenn ich im Mann auf der Kugel eine einsame Seele entdecke, dann ist die Seele auch einsam, und ich lasse sie gerade noch einsamer als zuvor in der Nacht zurück.

Es lässt mir keine Ruhe. Ich gehe noch einmal zurück auf den Ka-pitelplatz. Der Regen hat aufgehört. Die hellen Mauern der Festung reflektieren so etwas wie Licht. Kann es sein, dass ich erst jetzt ein Lä-cheln im Gesicht des Mannes auf der Kugel entdecke?

Eine Gruppe von Menschen drängt aus der Herrengasse. Keine Ahnung, wo sie so lange gewesen sind. Ihre Stimmen kommen mir lau-ter vor als Baumaschinen untertags, und das laute Lachen schlägt bei mir ein wie eine Wasserbombe. Es ist Zeit, zurück in die „Blaue Gans" zu gehen. Ich gebe dem Mann auf der Kugel ein Zeichen und überlasse es ihm, die prächtige Laune der Herrengassler zu deuten.

06
Durch die
Kunst

WATCH YOUR HEAD

A. E. I. O. U.

In einer Nische des Gangs, der im Inneren der „Blauen Gans" die Getreidegasse mit dem Herbert-von-Karajan-Platz verbindet, steht eine beige Kiste. Sie ist etwa vierzig Zentimeter lang, dreißig Zentimeter breit und fünfzehn Zentimeter hoch. An einigen Stellen der Kiste ist der Lack abgesprungen. Auf ihrer Oberseite befinden sich eine rechteckige Klappe und ein Kippschalter. Legt man diesen Schalter um, geschieht etwas Erstaunliches.

Die Klappe öffnet sich. Ein leiser Motor springt an. Aus der Schwärze, die sich unter der Klappe verbirgt, kommt eine Hand zum Vorschein, deren Zeigefinger genauso ausgestreckt ist, wie es jener des Betrachters war, der das Geschehen gerade erst in Gang gebracht hat. Der Zeigefinger aus der Kiste steuert langsam auf den Kippschalter zu, legt ihn um und versetzt ihn dadurch wieder in den Ruhezustand. Dann zieht sich die Hand wieder zurück. Die Klappe schließt sich, und die Kiste steht da wie zuvor.

Dieses Kunstwerk von David Moises gehört zum Inventar des Hotels. Auch auf den verzweigten Gängen in den oberen Stockwerken und in den Zimmern sehe ich Bilder oder Objekte, die sich selbstbewusst dem Begriff verweigern, „Hotelkunst" zu sein. Hotelkunst, wenn ich das so salopp definieren darf, ist eine Form von Dekoration, die niemand bemerkt, dabei aber keine weißen Flecken auf den Wänden hinterlässt.

In der Blauen Gans steht auf einem großen Bild von Timm Ulrichs ein Mann mit Sonnenbrille und weißem Stock. Er ist offensichtlich blind. Um den Hals trägt er ein Schild mit der Aufschrift: ICH KANN KEINE KUNST MEHR SEHEN!

Natürlich ist das eine Pointe. Aber hinter der Pointe steckt ein Bündel von berechtigten Fragen, die jedem Betrachter sofort einfallen, wenn er sich nur kurz Zeit nimmt, um dem Wortspiel nachzugehen. Ist, wer keine Kunst sehen kann, blind? Blind wofür? Für die Kunst selbst? Für welche Kunst? Und so weiter.

Abends wird der Innenraum der Blauen Gans in ein zartes rotes Licht getaucht. Es fließt aus der Neonschrift „Oh mein Papa", die der Schweizer Künstler Lori Hersberger hier montiert hat. Hersberger zitiert ein Chanson aus den Dreißigerjahren, dessen Refrain, wenn man ihn nur richtig liest, in dieselbe Kerbe schlägt wie das Bild von Timm Ulrichs: „Oh mein Papa/war eine wunderbare Clown/Oh mein Papa/

war eine große Künstler ..." Ist der Clown ein Künstler? Der Künstler ein Clown? Muss man blind sein, um diese Zusammenhänge nicht zu erkennen? Oder reicht es, einfach das Licht abzuschalten?

In ganz Salzburg stellt die Kunst Fragen. Das ist eine Qualität dieser Stadt, auch wenn sie mit den Antworten manchmal ihre Mühe hat. Als zum Beispiel Hans Schabus vor dem Mirabellgarten einen blickdichten „Bauzaun" errichten ließ, wollte er damit nur die Frage stellen, wo die Grenze zwischen dem Draußen der Gegenwart und dem Drinnen der barocken Vergangenheit verläuft.

Die Bretter, deren Höhen der Notierung von Johann Strauss' *Demolirer-Polka* entsprachen, erwiesen sich als Lackmus-Test dafür, wieviel Diskussion die Stadt verträgt. Das Ergebnis lautete, jedenfalls wenn man dem Echo in der Boulevardpresse folgt: Diskussion ja. Aber nicht so. Also nein. Lieber nicht.

Im Rahmen desselben Festivals, das zum Mozartjahr 2006 ausgerichtet wurde, legte die Künstlerin Paola Pivi dem Mozartdenkmal auf dem Mozartplatz einen auf den Rücken gedrehten Hubschrauber zu Füßen. Als Gebrauchsanweisung lieferte sie den Gedanken mit, wie anstrengend zu Mozarts Zeiten das Reisen gewesen sei.

Die ästhetische Intervention wurde nur von denen missverstanden, die sie missverstehen wollten. Dabei war Pivis Hubschrauber nicht annähernd so eindeutig wie die Intervention des Bildhauers Anton Thuswaldner aus dem Jahr 1991. Der hatte das Denkmal mit Einkaufswagen bis zum Hals eingerüstet, um gegen die grassierende Kommerzialisierung Mozarts zu protestieren.

Im Vergleich dazu nahm sich der Hubschrauber harmlos aus. Er lag wie ein technoider Gregor Samsa auf dem Rücken, aber selbst seine Hilflosigkeit erregte die Gemüter. Weil der Hubschrauber angeblich den Mozartplatz verschandelte, musste er auf den Residenzplatz umziehen. Dort fehlte ihm zwar der Kontext, aber im weitläufigeren Stadtbild sank offenbar die Verschandelungsgefahr.

Besonders witzig fand ich im Zusammenhang mit den beiden Installationen die Aktion von Christoph Büchel, der so wie Hans Schabus, Paola Pivi und sieben andere Künstler von Max Hollein, dem heutigen Direktor des New Yorker Metropolitan Museum, nach Salzburg eingeladen worden war. Büchel initiierte ein Bürgerbegehren mit dem Titel „Salzburg bleib frei". Es sprach sich dafür aus, dass die „Salzburger Altstadt (...) für die Dauer eines fünfjährigen Moratoriums frei von Gegenwartskunst im öffentlichen Raum zu bleiben" hat. Das Begehren bekam trotz seiner unverhohlen ironischen Forderung so viele Unterstützungserklärungen, dass es tatsächlich durchgeführt werden musste. Büchel kommentierte das mit gekonntem Pathos: „Die Demokratie ist unser Recht, und: Sie ist ein Kunstwerk!" Am 20. Oktober 2006 sprachen sich dann 1970 von über 100.000 Stimmberechtigten für das Moratorium aus. Damit war die nächste Frage beantwortet.

Ich bin nicht sicher, ob es kleinlich ist, an diese Episode zu erinnern. Schließlich kenne ich kaum eine Stadt, wo auf so engem Raum so viel interessante, packende oder auch nur unterhaltsame Kunst zu besichtigen ist wie in Salzburg. Vielleicht haben die provokanten Interventionen, die unablässigen Fragen auch den Weg dafür geebnet, dass gegenüber dem Festspielhaus der große Anselm Kiefer ein an eine Kapelle erinnerndes begehbares Kunstwerk mit dem Titel „A.E.I.O.U." aufstellen konnte.

Im Inneren des Hauses befindet sich ein großformatiges Bild, das teilweise mit Nato-Draht bespannt ist, ein Regal mit Bleibüchern, aus dem Zweige marokkanischer Dornbüsche herauswachsen, und eine Wandaufschrift: „Wach im Zigeunerlager und wach im Wüstenzelt es rinnt uns der Sand aus den Haaren, dein und mein Alter und das Alter der Welt misst man nicht nach den Jahren". Das ist ein Zitat aus Ingeborg Bachmanns Gedicht „Das Spiel ist aus", es spielt, wie es die Gebrauchsanweisung der Salzburg Foundation weiß, „auf das Nomadisierende unserer Existenz zwischen den Seins- und den Zustandsformen der Zeit" an, aber auch „auf die Flüchtigkeit der Zeit, für Kiefer ein Thema, das gerade die Stadt Salzburg angeht". Mich erfasst bei den Werken Anselm Kiefers immer eine tiefe Beklemmung, wie sie mit Gewissheit vom Künstler intendiert wird. Der Rest passiert entweder in den Stuben der Kunsthistoriker – oder in der eigenen Vorstellungswelt.

Ursprünglich stand der Kiefer-Pavillon mitten im Furtwängler-Park, musste dann aber wegen komplizierter Besitz- und Nutzungsrechte an dessen Rand ausweichen. Interessant, dass in unmittelbarer Nähe des von der Bachmann besungenen „Zigeunerlagers" tatsächlich eine Unterkunft von Roma und Sinti ihren Platz gefunden hat, direkt an der Außenmauer der Kollegienkirche. Interessant auch, dass im Furtwängler-Park, gleich an der Seite der dort seit 1941 deponierten Schillerstatue, die „Gurken" von Erwin Wurm paradieren, auf den Kopf gestellte überdimensionale Essiggurken, die dort ein Hohelied auf die Ironie anstimmen. Der Künstler selbst versah die Installation mit der eher banalen Erklärung, dass jede Gurke individuell verschieden sei, „aber doch

sofort als Gurke erkennbar und einem Ganzen zuordenbar ... ähnlich den Menschen."

Das luftige Etikett ändert aber nichts daran, dass die „Gurken" mit ihrem unhörbaren Kichern für ein Schmunzeln sorgen, immer wieder, wenn man an ihnen vorbeigeht – und nicht etwa für das empörte Kreischen, mit dem in unmittelbarer Nähe, vor dem Rupertinum, der „Arc de Triomphe" der Künstlergruppe Gelitin quittiert wurde, damals im Skandalsommer 2003. Schon klar, es war eine Figur zu sehen, aus deren Penis eine Art Fontäne herausspritzte. Aber die ganz große Erregung hätte das Kunstwerk nun doch nicht verdient, wobei wir schon wieder – siehe Schabus, siehe Pivi, siehe Büchel – in den Dschungel der Salzburger Kunstskandale eindringen, der dicht ist und nach meinem Dafürhalten nur einen Schluss zulässt: Ein bisschen haben sich die Salzburger in ihre Skandale verliebt. Nur wenn sie sich über zeitgenössische Kunst auch herzlich erregen können, fühlen sie sich erkannt und am Leben.

Ich kann ja auch damit leben, wenn mich die Kunstwerke im öffentlichen Raum erheitern, wenn sie mir ein Rätsel aufgeben oder wenn mir allein ihre pure dekorative Qualität Respekt abnötigt, wie zum Beispiel Tony Craggs „Caldera" am Makartplatz oder Jaume Plensas „Awilda" im Hof der Juristischen Fakultät. Ich bewundere „Beyond Recall", das irrisierende Ensemble aus Spiegelkuben und Neonschrift von Brigitte Kowanz, das diese über den vier Brückenköpfen der Staatsbrücke errichtet hat, und habe meinen Spaß mit der Mozart-Karikatur von Markus Lüpertz, die am Ursulinenplatz steht.

Dann verlaufe ich mich in den Toscaninihof und hole den in der Nacht unterbliebenen Besuch bei Stephan Bakenhols „Frau im Fels" nach. Sie steht, angetan mit einem roten Kleid, in einer Nische der Konglomeratsteinwand, direkt neben der Holzmeisterstiege, die an der Fassade des Bühnenhauses vorbeiführt, man muss sie suchen. Mir gefällt die Idee, dass diese Frau keine Geschichte hat, weil ich dann selbst dafür zuständig bin, mir ihre Geschichte auszudenken und sie mit dem Mann auf der Goldkugel zusammenzubringen, der seine Tage unübersehbar auf dem Kapitelplatz fristet. Wer von beiden hat das bessere Los gezogen? Ist die Sichtbarkeit Privileg oder Bürde? Die Unsichtbarkeit Erlösung oder Zumutung? Streben die beiden zueinander? Haben sie die Zeit der Gemeinsamkeit bereits hinter sich? Beneiden sie einander um das Schicksal des jeweils anderen? Sind sie im Krieg oder im Frieden miteinander?

Ich gehe vom Toscaninihof auf direktem Weg in den Dom und steige in dessen Krypta hinunter. Dort hat Christian Boltanski, er möge in Frieden ruhen, ein filigranes Memento Mori namens „Vanitas" entstehen lassen. Jeweils vor einer Kerzenflamme sind auf elastischen Drähten zwölf feine Figuren befestigt. Jeder Luftzug, jeder vorbeigehende Besucher versetzt sie in Bewegung, sodass sie tanzende Schatten an die Wand werfen. Die Figuren kokettieren mit der Form der mexikanischen Figurinen, die am Dia de los Muertos allgegenwärtig sind. Sie füllen die Krypta mit Rhythmus und einer mystischen Heiterkeit, die sich grundlegend von der katholischen Passionskunst unterscheidet.

Die Boltanski-Installation ist für mich eines der bewegendsten Kunstwerke, das ins Zentrum der Stadt, in die Mitte ihrer historischen katholischen Wahrnehmung implantiert wurde. Es sorgt für den Brückenschlag zwischen historischer Schönheit und unmittelbarem Empfinden, hebt die Idee aus ihrer Zeit und ihrem angestammten Kontext und präsentiert ihre Essenz. Hier. Hier, jetzt, du, ich.

Ich gehe durch die Stadt und folge dem zufälligen Parcours ihrer Schönheit. Seit mich ein österreichischer Kunstminister einmal die Sensation miterleben ließ, die es bedeutet, in die Franziskanerkirche einzutreten und durch das eher bescheidene Kirchenschiff zum Altarraum vorzugehen, der plötzlich abrupt und entschlossen nach oben strebt und eine unerwartete, erhebende Dimension eröffnet, verpasse ich es bei keiner Durchquerung der Franziskanergasse, die Sensation zu wiederholen. Auch an Fischer von Erlachs Kollegienkirche kann ich nicht vorbeigehen, ohne wenigstens einen Blick in die großartig renovierte Universitätskirche zu werfen, die innen weiß strahlt und frei von Möbeln, Glasmalerei und anderen Ablenkungen ist. Der Architekt hatte zu seiner Zeit davon fantasiert, die Kirche zum „himmlischen Jerusalem auf Erden" zu machen und unter ihrer Kuppel die Verbindung von „vertikaler und horizontaler Energie" herzustellen.

Ich kann bestätigen: In der Mitte der eleganten sphärisch verlegten Marmorplatten, die den Durchmesser der Kuppel auf dem Erdboden spiegeln, fühlt es sich besonders an, die harmonischen Dimensionen des Hauses zu betrachten, den Einfall des Lichts, die Reise des Schalls, der aufsteigt, sich in der Kuppel bricht und zurückkehrt auf den Boden. Das weiß ich, weil ich fast allein in der Kirche stehe, als eine Handvoll junger Menschen eintritt, jede und jeder eine Mappe mit Noten im Arm, im Seitenschiff Aufstellung nimmt und sich als Chor erweist, der Chorleiter ein drahtiger junger Mann mit glattrasiertem Kopf. Ausgerechnet an der Schnittstelle der vertikalen und der horizontalen Energie werde ich Zeuge eines zufälligen Moments vollkommener Schönheit, als der Chor etwas von Bach anstimmt, es könnte „Der Geist hilft unsrer Schwachheit auf" gewesen sein. Aber sicher bin ich nicht.

Natürlich hat die moderne Kunst Salzburg verwandelt, und sie ist nach wie vor dabei, dieses Verwandlungswerk voranzutreiben. Manchmal verwandelt aber auch Salzburg die Kunst, wie am Beispiel der „Ziffern im Wald", die der italienische Künstler Mario Merz auf dem Mönchsberg, wie es der Titel schon sagt, in den Mischwald gehängt hat. Auf zwölf matt gebürsteten Edelstahlrohren, die miteinander die Form eines Iglus ergeben, sind 21 Neonzahlen verteilt, die dem Zahlensystem des mittelalterlichen Mathematikers Fibonacci folgen, der die Reihe konstruierte, indem er jede neue Zahl als Summe der beiden vorangehenden errechnete: 1, 2, 3, 5, 8, 13, 21, 34, 55, 89, 144, 233, 377, 610, 987, 1.597, 2.584, 4.181, 6.765, 10.946 (– können Sie die nächste ausrechnen? Bitte hier eintragen: ……). In dieser Reihe erkannte Fibonacci einen Gradmesser für die Geschwindigkeit sich fortpflanzender Kräfte, während die Installation von Merz einen rätselhaften poetischen Schimmer in den Wald auf dem Mönchsberg zauberte, naturgemäß vor allem nachts.

Nun gibt es tatsächlich dem Umweltschutz verpflichtete Kräfte, die dem Leuchten der Neonzahlen nicht nur jene Skepsis entgegenbrachten, die der Mathematik generell oft entgegenschlägt, sondern darin auch eine Bedrohung einer, zumindest meiner Wahrnehmung nach, durchaus nicht seltenen Spezies erblickten: der Mücke. Diese werde vom Schimmer der Neonziffern angelockt und falle in der Folge einer Kolonie heimtückischer Spinnen zum Opfer, die sich die Konstellation zunutze machen und den Bestand an Salzburger Mücken relevant dezimieren. Das Licht möge deshalb abgeschaltet werden.

Man könnte jetzt mit Fug und Recht die Frage stellen, wie sich nach dem Abschalten der Lichter die Spinnenkolonie ernähren soll. Aber an dieser Stelle treffen sich offenbar Arachnophobie und Kunstskepsis.

Ich nehme also den Lift auf den Mönchsberg und denke darüber nach, wie Salzburg wohl aussahe, wenn sich die Stadt dafür entschieden hätte, Hans Holleins Entwurf für ein Museum im Mönchsberg umzusetzen. Hollein hatte ein kühnes Konzept vorgelegt, das weltweit für Aufsehen sorgte und den Direktor des New Yorker Guggenheim Museums, Thomas Krens, dazu inspirierte, eine neue Filiale seines Unternehmens zu planen, im Inneren des Mönchsbergs.

Es gab begeisterte Zustimmung zu diesen Plänen, aber noch mehr Widerstand. Das neue Guggenheim wurde schließlich in Bilbao gebaut, und die Chance, ein beispielloses architektonisch-künstlerisches Projekt mitten in die Stadt zu pflanzen und dieser Stadt damit einen dynamischen Impuls zu verpassen, ist an Salzburg vorbeigegangen. Stattdessen entstand auf dem Mönchsberg nach den Plänen des Münchner Architekturbüros Friedrich Hoff Zwink ein Erweiterungsbau des Salzburger Moderne-Museums Rupertinum, eine durchaus elegante, mit Untersberger Marmor verkleidete weiße Schachtel, die an der Stirnseite ein Kunstwerk von Lawrence Weiner ziert: „inside of & outside of itself".

Ein Entwurf von Delugan Meissl sah vor, das Museum der Moderne mit einem spektakulären Panoramalift an die Stadt anzuschließen, aber auch dieser Plan scheiterte, und es wäre ein Leichtes, jetzt Thomas Bernhards berühmtes Zitat: „Alles in dieser Stadt ist gegen das Schöpferische" ins Treffen zu führen, aber ich tröste mich stattdessen mit einem Abstecher in den Sky-Space von James Turrell, jene Kunstkapelle in unmittelbarer Nähe des Museums der Moderne, wo der Blick nach oben auf kostbarste Weise gefasst und gelenkt wird.

Ich sitze allein in dem gemauerten weiß ausgemalten Raum und blicke nach oben. Die Öffnung im Dach des elliptischen Zylinders ist der harmonische Bildausschnitt, den mir der amerikanische Künstler James Turrell gestattet.

Leichte Bewölkung, langsamste Bewegungen am Himmel. Was ich sehe, könnte die Nahaufnahme eines Eisbergs sein oder die einer gefräßigen Zelle unter dem Mikroskop.

Ein Hubschrauber fliegt über die Stadt. Ich sehe ihn nicht. Ein Tourist betritt den Raum und bringt sich in Position, um ein Selfie zu machen, bei dem er die Lichtellipse über ihm scheinbar in der Hand hält.

Augen schließen. Die Ellipse ist ein grüner Fleck. Augen öffnen. Ein roter Fleck an der weißen Wand, die ein paar notorische Trottel mit den Worten GANG und WEED getaggt haben. Falls Ihr das lest: Wäre nicht nötig gewesen.

Vögel durchqueren den Bildausschnitt. Bleiben sie mit einem kühnen Manöver im Bild? Kehren sie wieder zurück? Hier bekommt Peter Handkes *Innenwelt der Außenwelt der Innenwelt* eine ganz eigene Bedeutung, und natürlich auch Weiners „inside of & outside of itself". Was für eine Verwandtschaft, was für eine Eleganz.

Eine dunkle Wolke schiebt sich ins Bild.

Pure Dramatik.

Jemand schaut zur Tür herein, sucht den Innenraum nach Attraktionen ab, wendet sich enttäuscht nach draußen. Nein. Hier ist ja nichts.

Falsch.

Hier ist alles.

FOTOREGISTER

IMPRESSUM

HERAUSGEBER:
G.&G. Gfrerer u. Gfrerer Hotel- und Restaurant BetriebsgmbH

GESCHÄFTSFÜHRENDER GESELLSCHAFTER:
Andreas Gfrerer
Herbert-von-Karajan-Platz 3
A-5020 Salzburg
+43 662 84 24 91 – 0
office@blauegans.at
www.blauegans.at

FOTOS:
Ingo Pertramer

TEXTE:
Christian Seiler

KORREKTORAT:
Claudia Fritzsche

ART DIRECTOR / GRAPHIC DESIGN:
Eva Urthaler

DRUCK:
Print Alliance HAV Produktions GmbH,
Druckhausstraße 1, 2540 Bad Vöslau

© CSV GmbH, 3710 Fahndorf 61
ISBN 978-3-903461-02-4